DUDEN-
Schülerhilfen

Rechenbäume – Terme – Texte

DUDEN-
Schülerhilfen

Weitere Bände sind in Vorbereitung.

DUDEN-
Schülerhilfen

Rechenbäume – Terme – Texte

(5. und 6. Schuljahr)

von Hans Borucki

mit Illustrationen von Hans Ibelshäuser
und graphischen Darstellungen
von Dieter Kneifel

DUDENVERLAG
Mannheim/Wien/Zürich

CIP-Titelaufnahme der Deutschen Bibliothek

Duden-Schülerhilfen
Mannheim; Wien; Zürich: Dudenverl.
Früher mit d. Verl.-Angabe Bibliograph. Inst.,
Mannheim, Wien, Zürich
Mathematik
Rechenbäume – Terme – Texte:
(5. und 6. Schuljahr) / von Hans Borucki. – 1989
ISBN 3-411-02621-9

Das Wort DUDEN ist für
Bücher aller Art für den Verlag
Bibliographisches Institut & F. A. Brockhaus AG
als Warenzeichen geschützt

Liebe Schülerinnen, liebe Schüler, –

da tauchen auf einmal im Mathematikunterricht, wo sie doch eigentlich gar nichts zu suchen haben, Bäume auf. Seltsame Bäume sind es, die da an der Tafel ihre Zahlenäste in die Höhe recken: Rechenbäume. Ihr Zweck ist es, die Verbindung der vier Grundrechnungsarten zu veranschaulichen. Ein Rechenbaum sagt oft viel mehr aus über den Ablauf einer Rechnung als noch so viele Worte. Deshalb ist es recht nützlich, sich mit diesen mathematischen Gewächsen vertraut zu machen.

Oft reicht dazu allerdings die Zeit im Unterricht nicht aus, weil das Zeichnen von Rechenbäumen in der Regel ein recht langwieriges Unternehmen ist. Wenige Beispiele müssen genügen. Zum Üben bleibt wenig Zeit. Und genau auf diese Situation ist der vorliegende Band der Duden-Schülerhilfen zugeschnitten. In den ersten beiden Kapiteln wird reichlich Gelegenheit geboten, sich im Umgang mit Rechenbäumen zu üben.

Der gar nicht so einfache Übergang vom Rechenbaum zum Rechenausdruck wird im 3. Kapitel mit großer Ausführlichkeit behandelt und an zahlreichen Beispielen und Aufgaben eingeübt. Im 4. Kapitel geht es dann um die leidige Gliederung von Termen. Sie bereitet erfahrungsgemäß vielen Schülern sehr große Schwierigkeiten. Grund genug, sie besonders ausführlich zu behandeln und an vielen Aufgaben zu üben.

Jedes der vier Kapitel schließt mit einer kurzen Zusammenfassung des darin behandelten Stoffes und mit einem kleinen Test, der die selbständige Kontrolle des Lernerfolges ermöglicht. Und wenn ihr diese Tests mit Erfolg hinter euch gebracht habt, dann bin ich sicher, daß euch die Rechenbäume nicht mehr über den Kopf wachsen werden, weder im Unterricht, noch bei den Hausaufgaben und auch nicht in den Klassenarbeiten.

Mellrichstadt, im Frühjahr 1989   *Hans Borucki*

Inhaltsverzeichnis

1. Kapitel

Die vier Grundrechnungsarten und ihre Darstellung

Zwei Zahlen kann man
    addieren (zusammenzählen) $8 + 2 = 10$
    subtrahieren (abziehen) $8 - 2 = 6$
    multiplizieren (malnehmen) $8 \cdot 2 = 16$
    dividieren (teilen) $8 : 2 = 4$

Diese vier Rechnungsarten, also
        die Addition,
        die Subtraktion,
        die Multiplikation
     und die Division,
bezeichnet man als *Grundrechnungsarten.*

a) Die Addition

Die einzelnen Glieder einer Additionsaufgabe werden so bezeichnet:

Wenn du nicht sicher bist, ob du eine Additionsaufgabe richtig gerechnet hast, dann kannst du zwei verschiedene Proben machen:

Die *Probe auf den 1. Summanden*

oder die *Probe auf den 2. Summanden.*

Häufig verwendet man für die Addition die folgende bildliche Darstellung:

Hier steht
der 1. Summand →

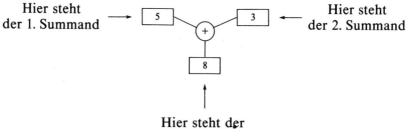

← Hier steht
der 2. Summand

Hier steht der
Wert der Summe

Es genügt, wenn in zwei dieser drei Kästchen Zahlen stehen. Die Zahl, die in das dritte Kästchen gehört, kann man dann leicht berechnen.

1. Beispiel: Der Wert der Summe fehlt.

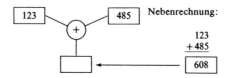

2. Beispiel: Der 2. Summand fehlt.

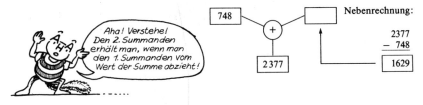

Nebenrechnung:

$$\begin{array}{r} 2377 \\ -\ 748 \\ \hline 1629 \end{array}$$

3. Beispiel: Der 1. Summand fehlt.

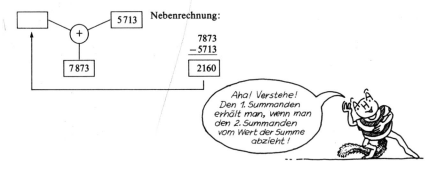

Nebenrechnung:

$$\begin{array}{r} 7873 \\ -5713 \\ \hline 2160 \end{array}$$

1. Aufgabe: Fülle die leeren Kästchen aus.

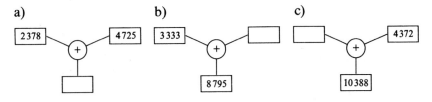

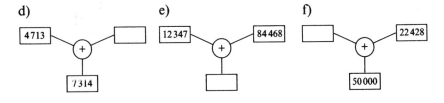

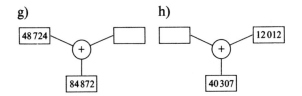

b) Die Subtraktion

Die einzelnen Glieder einer Subtraktionsaufgabe werden folgendermaßen bezeichnet:

Wenn du überprüfen willst, ob du eine Subtraktionsaufgabe richtig gerechnet hast, dann kannst du zwei verschiedene Proben machen:

Die *Probe auf den Minuenden*

oder die *Probe auf den Subtrahenden*.

Häufig verwendet man für die Subtraktion die folgende bildliche Darstellung:

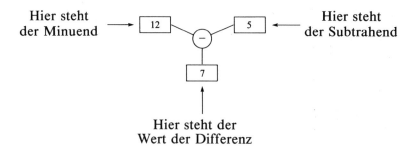

Hier steht
der Minuend → 12 — 5 ← Hier steht
der Subtrahend

7

Hier steht der
Wert der Differenz

Es genügt, wenn in zwei dieser drei Kästchen Zahlen stehen. Die in das noch freie Kästchen gehörende Zahl kann man dann leicht berechnen.

1. Beispiel: Der Wert der Differenz fehlt.

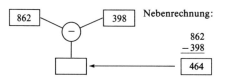

862 — 398   Nebenrechnung:

$$\begin{array}{r} 862 \\ -398 \\ \hline 464 \end{array}$$

2. Beispiel: Der Subtrahend fehlt.

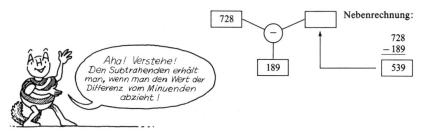

728 — [ ]   Nebenrechnung:

189

$$\begin{array}{r} 728 \\ -189 \\ \hline 539 \end{array}$$

*Aha! Verstehe!
Den Subtrahenden erhält
man, wenn man den Wert der
Differenz vom Minuenden
abzieht!*

3. Beispiel: Der Minuend fehlt.

*Aha! Verstehe!
Den Minuenden erhält man,
wenn man zum Wert der Differenz
den Subtrahenden addiert!*

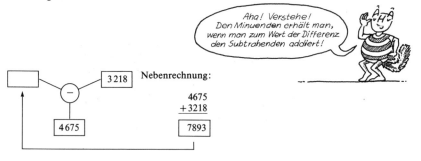

[ ] — 3218   Nebenrechnung:

4675

$$\begin{array}{r} 4675 \\ +3218 \\ \hline 7893 \end{array}$$

2. Aufgabe: Fülle die leeren Kästchen aus.

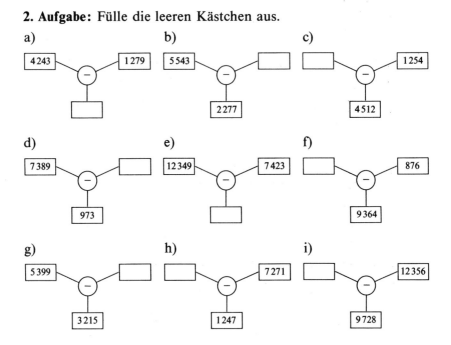

a)

| 4 243 | — | 1 279 |

b)

| 5 543 | — | |
| 2 277 |

c)

| | — | 1 254 |
| 4 512 |

d)

| 7 389 | — | |
| 973 |

e)

| 12 349 | — | 7 423 |

f)

| | — | 876 |
| 9 364 |

g)

| 5 399 | — | |
| 3 215 |

h)

| | — | 7 271 |
| 1 247 |

i)

| | — | 12 356 |
| 9 728 |

c) Die Multiplikation

Die einzelnen Glieder einer Multiplikationsaufgabe werden folgendermaßen bezeichnet:

Zur Überprüfung des Ergebnisses einer Multiplikationsaufgabe kann man zwei verschiedene Proben durchführen:

Die *Probe auf den 1. Faktor*

oder die *Probe auf den 2. Faktor.*

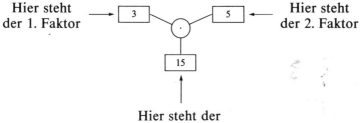

Häufig verwendet man für die Multiplikation die folgende bildliche Darstellung:

Hier steht → 3 ∙ 5 ← Hier steht
der 1. Faktor der 2. Faktor

15

Hier steht der
Wert des Produktes

Es genügt, wenn zwei dieser drei Kästchen Zahlen enthalten. Die in das dritte, noch freie Kästchen gehörende Zahl kann man leicht berechnen.

1. Beispiel: Der Wert des Produktes fehlt.

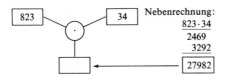

823 ∙ 34

Nebenrechnung:
823 · 34
2469
3292
27982

2. Beispiel: Der 2. Faktor fehlt.

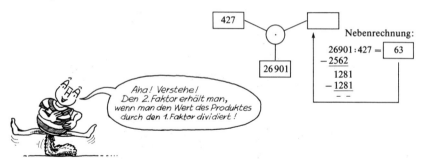

Nebenrechnung:

$$26901:427 = \boxed{63}$$
$$\underline{-2562}$$
$$1281$$
$$\underline{-1281}$$
$$--$$

Aha! Verstehe!
Den 2. Faktor erhält man,
wenn man den Wert des Produktes
durch den 1. Faktor dividiert!

3. Beispiel: Der 1. Faktor fehlt.

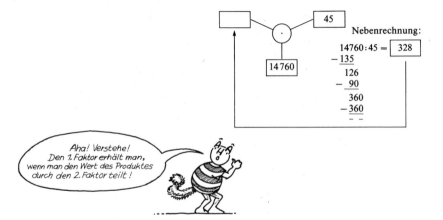

Nebenrechnung:

$$14760:45 = \boxed{328}$$
$$\underline{-135}$$
$$126$$
$$\underline{-\ 90}$$
$$360$$
$$\underline{-360}$$
$$--$$

Aha! Verstehe!
Den 1. Faktor erhält man,
wenn man den Wert des Produktes
durch den 2. Faktor teilt!

3. Aufgabe: Fülle die leeren Kästchen aus.

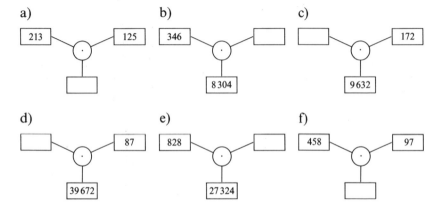

a) 213 · 125

b) 346 · ☐ = 8304

c) ☐ · 172 = 9632

d) ☐ · 87 = 39672

e) 828 · ☐ = 27324

f) 458 · 97

d) Die Division

Die einzelnen Glieder einer Divisionsaufgabe bezeichnet man so:

Auch bei einer Divisionsaufgabe kannst du zur Überprüfung des Ergebnisses zwei verschiedene Proben machen:

Die *Probe auf den Dividenden*

oder die *Probe auf den Divisor*.

Für die Division verwendet man häufig die folgende bildliche Darstellung:

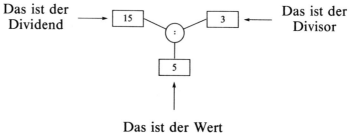

Das ist der
Dividend

Das ist der
Divisor

Das ist der Wert
des Quotienten

Es genügt, wenn zwei dieser Kästchen Zahlen enthalten. Die in das dritte, noch freie Kästchen gehörende Zahl läßt sich leicht berechnen.

1. Beispiel: Der Wert des Quotienten fehlt.

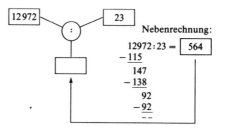

Nebenrechnung:

$$12972 : 23 = \boxed{564}$$
$$-\underline{115}$$
$$147$$
$$-\underline{138}$$
$$92$$
$$-\underline{92}$$
$$--$$

2. Beispiel: Der Divisor fehlt.

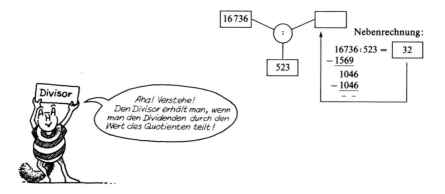

Nebenrechnung:

$$16736 : 523 = \boxed{32}$$
$$-\underline{1569}$$
$$1046$$
$$-\underline{1046}$$
$$--$$

Divisor

Aha! Verstehe!
Den Divisor erhält man, wenn
man den Dividenden durch den
Wert des Quotienten teilt!

3. Beispiel: Der Dividend fehlt.

Aha! Verstehe!
Den Dividenden erhält man,
wenn man den Wert des Quotienten
mit dem Divisor multipliziert!

Dividend

		45

:

349

Nebenrechnung:
349 · 45
1396
1745

15705

4. Aufgabe: Ergänze die fehlenden Zahlen.

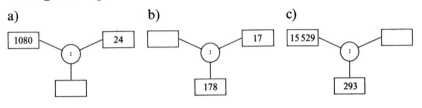

a)

1080 — : — 24

b)

☐ — : — 17

178

c)

15529 — : — ☐

293

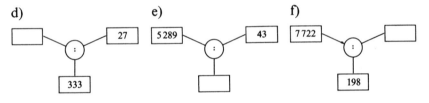

d)

☐ — : — 27

333

e)

5289 — : — 43

☐

f)

7722 — : — ☐

198

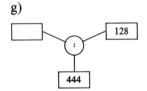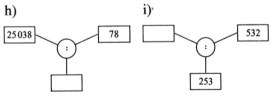

g)

☐ — : — 128

444

h)

25038 — : — 78

☐

i)

☐ — : — 532

253

Wieso heißt es eigentlich
AUFGABE ?? Ich dachte immer,
man soll nie aufgeben, sondern so lange
rechnen, bis man die
Lösung hat .....

Zusammenfassung

Das hast du im 1. Kapitel gelernt:

1. Die Addition $$8 + 2 = 10$$ 1. Summand + 2. Summand = Wert der Summe	
Den 1. Summanden erhält man, wenn man den 2. Summanden vom Wert der Summe subtrahiert.	
Den 2. Summanden erhält man, wenn man den 1. Summanden vom Wert der Summe subtrahiert.	
2. Die Subtraktion $$5 - 3 = 2$$ Minuend − Subtrahend = Wert der Differenz	
Den Minuenden erhält man, wenn man den Subtrahenden zum Wert der Differenz addiert.	
Den Subtrahenden erhält man, wenn man den Wert der Differenz vom Minuenden subtrahiert.	

3. Die Multiplikation

$$5 \cdot 3 = 15$$

1. Faktor · 2. Faktor = $\dfrac{\text{Wert des}}{\text{Produktes}}$

Den 1. Faktor erhält man, wenn man den Wert des Produktes durch den 2. Faktor teilt.

Den 2. Faktor erhält man, wenn man den Wert des Produktes durch den 1. Faktor teilt.

4. Die Division

$$8 : 2 = 4$$

Dividend : Divisor = $\dfrac{\text{Wert des}}{\text{Quotienten}}$

Den Dividenden erhält man, wenn man den Wert des Quotienten mit dem Divisor multipliziert.

Den Divisor erhält man, wenn man den Dividenden durch den Wert des Quotienten dividiert.

Mit dem nun folgenden Test kannst du deinen Wissensstand überprüfen. Du kannst damit feststellen, ob du den im 1. Kapitel behandelten Lehrstoff verstanden hast und das Gelernte auch anwenden
kannst.
Wenn dir bei diesem Test mehr als 4 Fehler unterlaufen, dann soll-
test du das 1. Kapitel noch einmal gründlich durcharbeiten.

Test zum 1. Kapitel

Ergänze die fehlenden Zahlen

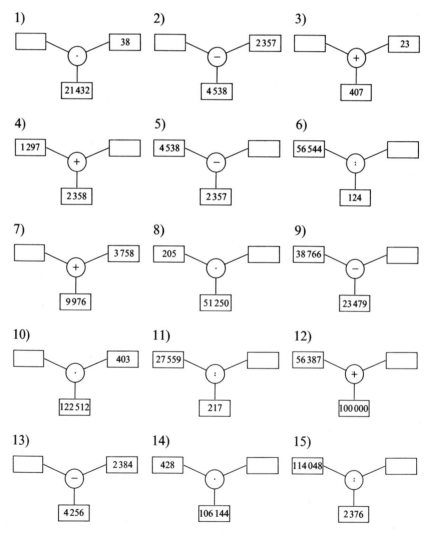

2. Kapitel

Rechenbäume

Die bildliche Darstellung der 4 Grundrechnungsarten

hat ein bißchen Ähnlichkeit mit einem Baum.

Man bezeichnet eine solche Darstellung deshalb als *Rechenbaum.*
Noch mehr Ähnlichkeit mit einem Baum erhält man, wenn man mehrere dieser einfachen Rechenbäume zu einem größeren Rechenbaum zusammenfügt, wie das die folgenden Beispiele zeigen.

1. Beispiel:

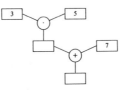

Die zu diesem Rechenbaum gehörende Aufgabe lautet:
Multipliziere die Zahlen 3 und 5 und addiere zum Wert des Produktes die Zahl 7.
Kürzer läßt sich diese Aufgabe so formulieren:
Addiere zum Produkt aus 3 und 5 die Zahl 7.

Wenn wir das Ergebnis dieser Aufgabe ermitteln wollen, dann müssen wir zwei Teilaufgaben berechnen:
1. Das Produkt $3 \cdot 5 = 15$
2. Die Summe $15 + 7 = 22$
Danach sieht unser Rechenbaum dann so aus:

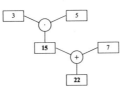

2. Beispiel:

Der Rechenbaum:	Der Aufgabentext:	Das Ergebnis:
	Multipliziere die Differenz aus 73 und 28 mit der Zahl 13.	

3. Beispiel:

Der Rechenbaum:	Der Aufgabentext:	Das Ergebnis:
	Dividiere die Zahl 240 durch die Summe aus 12 und 3.	

4. Beispiel:

Der Rechenbaum:	Der Aufgabentext:	Das Ergebnis:
	Subtrahiere vom Produkt aus 12 und 8 die Zahl 55.	

5. Beispiel:

Der Rechenbaum:	Der Aufgabentext:	Das Ergebnis:
	Subtrahiere von der Zahl 35 den Quotienten aus 56 und 8.	

6. Beispiel:

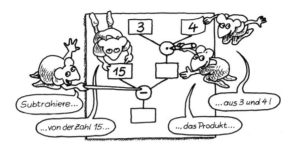

1. Aufgabe: Fülle bei den folgenden Rechenbäumen die leeren Kästchen aus und gib jeweils den zugehörigen Aufgabentext an.

a)

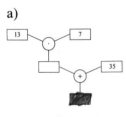

b)

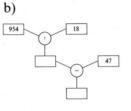

c)

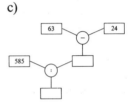

d)

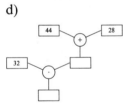

e)

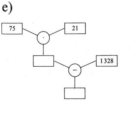

f)

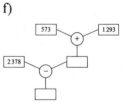

g)

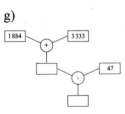

h)

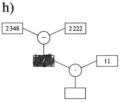

i)

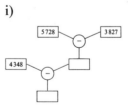

k)

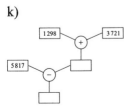

l)

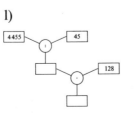

m)

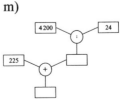

— *bitte nicht ausrechnen*

n)   o)   p)

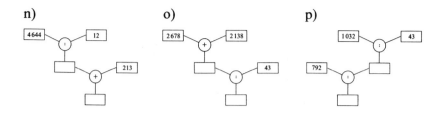

2. Aufgabe: Zeichne zu den folgenden Aufgabentexten Rechenbäume und fülle alle Kästchen aus.

a) Subtrahiere vom Produkt aus den Zahlen 24 und 83 die Zahl 1245.
b) Multipliziere die Summe aus 83 und 112 mit der Zahl 45.
c) Subtrahiere von der Zahl 1875 die Summe aus 328 und 1111.
d) Multipliziere die Differenz aus 425 und 127 mit der Zahl 11.
e) Addiere zum Produkt aus 125 und 12 die Zahl 333.
f) Subtrahiere vom Quotienten aus 975 und 75 die Zahl 8.
g) Subtrahiere von der Zahl 4728 die Differenz aus 6918 und 3828.
h) Addiere zum Quotienten aus 7336 und 131 die Zahl 418.
i) Dividiere das Produkt aus 231 und 72 durch die Zahl 24.
k) Multipliziere die Zahl 231 mit dem Quotienten aus 72 und 24.
l) Dividiere den Quotienten aus 441 und 21 durch die Zahl 7.
m) Dividiere die Zahl 441 durch den Quotienten aus 21 und 7.
n) Dividiere die Differenz aus 2127 und 609 durch die Zahl 66.
o) Dividiere die Summe aus 2473 und 647 durch die Zahl 48.
p) Subtrahiere von der Zahl 444 das Produkt aus 13 und 31.

Etwas größer, aber dafür auch etwas baumähnlicher als in den bisherigen Beispielen und Aufgaben ist der folgende Rechenbaum:

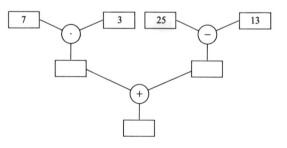

Der zugehörige Aufgabentext lautet:
Addiere zum Produkt aus 7 und 3 die Differenz aus 25 und 13.

Wenn wir das Ergebnis dieser Aufgabe ermitteln wollen, dann müssen wir drei Teilaufgaben berechnen:
1. Das Produkt $7 \cdot 3 = 21$
2. Die Differenz $25 - 13 = 12$
3. Die Summe $21 + 12 = 33$

Danach sieht unser Rechenbaum so aus:

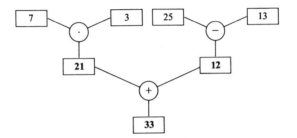

Weitere Beispiele:

1. Beispiel:

Rechenbaum:	Aufgabentext:	Ergebnis:
	Subtrahiere von der Summe aus den Zahlen 135 und 15 den Quotienten aus denselben beiden Zahlen.	

2. Beispiel:

Rechenbaum:	Aufgabentext:	Ergebnis:
	Dividiere die Summe aus 127 und 349 durch die Differenz aus 222 und 194.	

3. Beispiel:

Rechenbaum:	Aufgabentext:	Ergebnis:
286 : 22 321 − 235 ·	Multipliziere den Quotienten aus 286 und 22 mit der Differenz aus 321 und 235.	286 : 22 → 13 321 − 235 → 86 · → 1118

4. Beispiel:

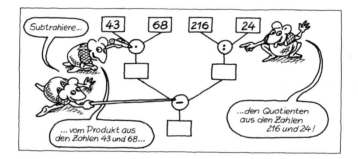

Als Vorbereitung auf die nun folgenden Aufgaben wollen wir zunächst einmal einige häufig vorkommende Rechenbäume und die zugehörigen Aufgabentexte in einer Tabelle einander gegenüberstellen.

Der Rechenbaum:	Der Aufgabentext:
a b +	Addiere zur Zahl a die Zahl b.
a b −	Subtrahiere von der Zahl a die Zahl b.
b a −	Subtrahiere von der Zahl b die Zahl a.

Der Rechenbaum:	Der Aufgabentext:
a · b	Multipliziere die Zahl a mit der Zahl b.
a : b	Dividiere die Zahl a durch die Zahl b.
b : a	Dividiere die Zahl b durch die Zahl a.
a · b, + c	Addiere zum Produkt aus a und b die Zahl c.
a + b, · c	Multipliziere die Summe der Zahlen a und b mit der Zahl c.
b : c, a −	Subtrahiere von der Zahl a den Quotienten der Zahlen b und c.
b : c, − a	Subtrahiere vom Quotienten der Zahlen b und c die Zahl a.
b − c, : a	Dividiere die Differenz der Zahlen b und c durch die Zahl a.

Der Rechenbaum:	Der Aufgabentext:
	Dividiere die Zahl a durch die Differenz der Zahlen b und c.
	Dividiere die Differenz der Zahlen a und b durch die Summe der Zahlen c und d.
	Dividiere die Summe der Zahlen c und d durch die Differenz der Zahlen a und b
	Subtrahiere vom Quotienten der Zahlen a und b die Differenz der Zahlen c und d.
	Dividiere das Produkt der Zahlen a und b durch den Quotienten der Zahlen c und d.
	Multipliziere den Quotienten der Zahlen a und b mit der Summe der Zahlen c und d.

3. Aufgabe: Fülle die leeren Kästchen aus und gib zu jedem Rechenbaum einen Aufgabentext an.

a)

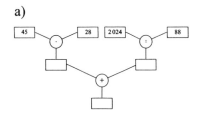

b)

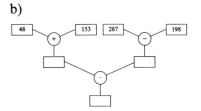

c)

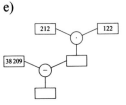

d)

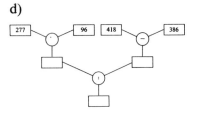

e)

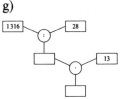

f)

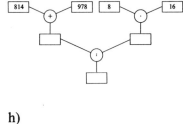

g)

h)

i)

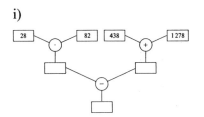

k)

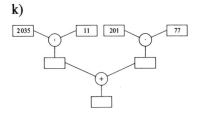

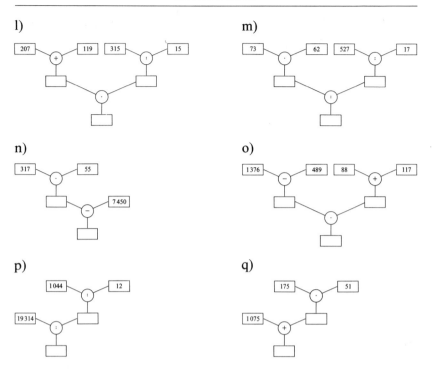

4. Aufgabe: Zeichne Rechenbäume und fülle die Kästchen aus.

a) Multipliziere die Summe aus 15 und 35 mit der Differenz aus 175 und 120.

b) Subtrahiere von dem Produkt aus 43 und 72 das Produkt aus 34 und 27.

c) Multipliziere die Summe aus 218 und 176 mit der Differenz derselben beiden Zahlen.

d) Multipliziere den Quotienten aus 672 und 16 mit der Differenz aus 472 und 318.

e) Dividiere die Summe aus 1496 und 3841 durch die Zahl 593.

f) Addiere zum Quotienten aus 2112 und 12 das Produkt aus 42 und 24.

g) Subtrahiere von der Zahl 3788 die Summe aus 1218 und 925.

h) Subtrahiere von der Zahl 3788 die Differenz aus 1218 und 925.

i) Subtrahiere von der Summe aus der größten dreistelligen und der größten zweistelligen Zahl den Quotienten aus 775 und 31.

k) Addiere zum Quotienten aus 144 und 6 das Produkt aus denselben beiden Zahlen.

l) Subtrahiere vom Produkt aus 125 und 8 die Summe aus 723 und 277.

m) Dividiere das Produkt aus 512 und 40 durch das Produkt aus 32 und 128.

n) Subtrahiere von der Summe aus der kleinsten vierstelligen und der größten zweistelligen Zahl die größte dreistellige Zahl.

o) Dividiere die Differenz aus 666 und 178 durch den Quotienten aus 915 und 15.

p) Addiere zur Zahl 987 den Quotienten aus 4859 und 43.

q) Multipliziere die Zahl 382 mit der Differenz aus 477 und 366.

Durch die zahlreichen Beispiele und Übungsaufgaben haben wir mittlerweile so viel Erfahrung im Umgang mit Rechenbäumen erworben, daß wir uns nun auch einmal an ein paar besonders groß geratene Exemplare dieser Gattung heranwagen können. Wir begnügen uns dabei aber mit dem Ausfüllen der leeren Kästchen. Das Aufstellen des zugehörigen Aufgabentextes wollen wir mal lieber sein lassen, denn das ist bei derartig großen Rechenbäumen gar nicht so einfach.
Aber wenn du dir's zutraust: Probieren kannst du's ja mal!

5. Aufgabe: Fülle die leeren Kästchen aus.

a)

b)

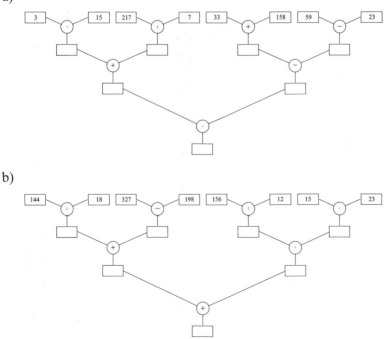

c)

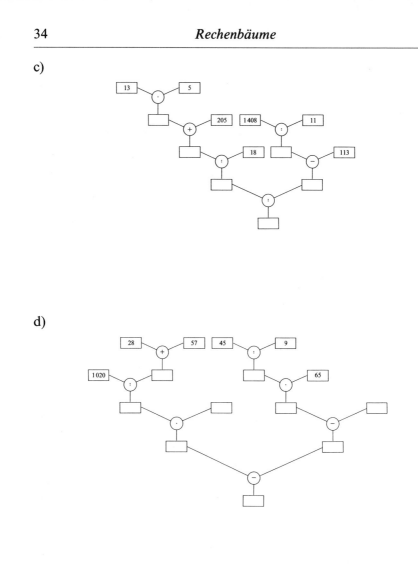

d)

e)

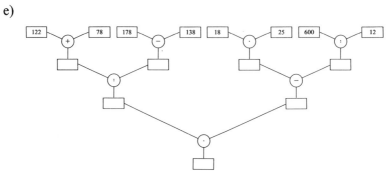

Wenn du jetzt einmal zurückblickst auf die vielen Rechenbäume, die du bisher bearbeitet hast, dann wirst du folgendes feststellen: Stets standen zunächst nur in den obersten Kästchen Zahlen, also an den einzelnen Spitzen des Baumes, von denen aus es nicht weiter nach oben ging. Und von den Spitzen aus hast du dich dann langsam nach unten durchgerechnet und so Schritt für Schritt das Endergebnis an der Wurzel des Baumes erreicht. Anders ist es bei diesem Rechenbaum:

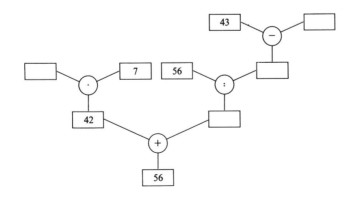

Hier sind zwei der Kästchen an den Baumspitzen leer.

3*

Dafür sind zwei andere Kästchen mit Zahlen versehen: ein Zwischenkästchen und das Kästchen ganz unten an der Baumwurzel. Wenn du in diesem Rechenbaum die leeren Kästchen ausfüllen willst, dann mußt du die im 1. Kapitel erworbenen Kenntnisse anwenden.

Und so gelangst du schrittweise zum Ziel:

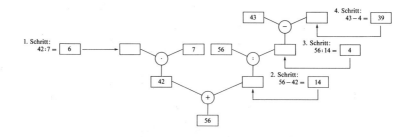

Weitere Beispiele:

1. Beispiel:

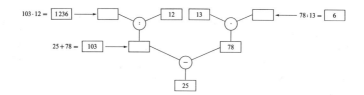

2. Beispiel:

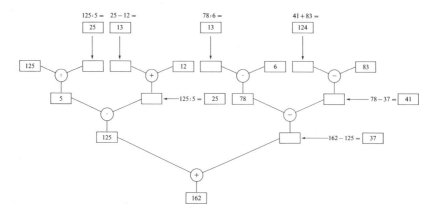

3. Beispiel:

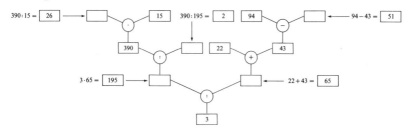

6. Aufgabe: Fülle die leeren Kästchen aus.

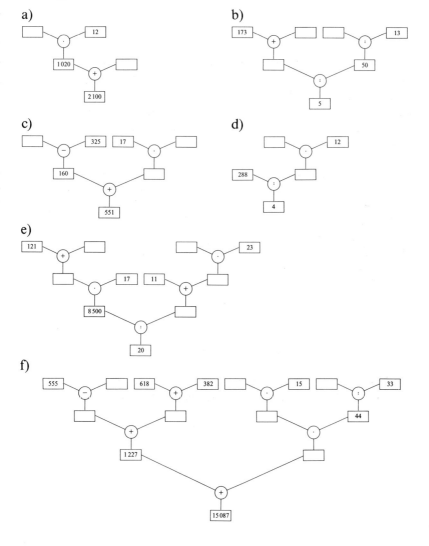

g)

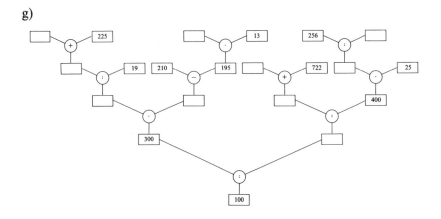

Wenn man es genau betrachtet, dann hast du in diesem Kapitel eigentlich gar nicht viel Neues dazugelernt. Du brauchtest nur die Kenntnisse und Fertigkeiten, die du bereits im 1. Kapitel beim Umgang mit kleinen, ganz einfachen Rechenbäumen erworben hast, auf größere und oft recht kompliziert zusammengesetzte Rechenbäume zu übertragen.

Neu dazugelernt hast du im Grunde genommen nur, wie man zu einem gegebenen Rechenbaum den zugehörigen Aufgabentext findet und zu einem gegebenen Aufgabentext den zugehörigen Rechenbaum. Ob du das alles verstanden hast und für den Übergang zum 3. Kapitel ausreichend gewappnet bist, das kannst du mit dem nun folgenden Test selbst überprüfen.

Mehr als 2 Fehler pro Aufgabenblock sollten dir dabei nicht unterlaufen. Anderenfalls müßtest du dir das 2. Kapitel und gegebenenfalls auch das 1. Kapitel noch einmal vornehmen.

Test zum 2. Kapitel

1. Fülle bei den folgenden Rechenbäumen die leeren Kästchen aus und gibt jeweils den zugehörigen Aufgabentext an.

a)   b)

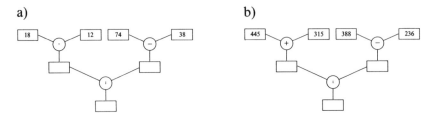

c)

d)

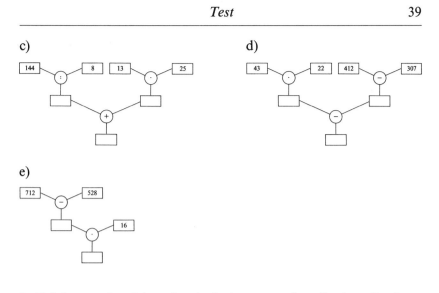

e)

2. Zeichne zu den folgenden Aufgabentexten jeweils einen Rechenbaum und fülle alle seine Kästchen aus.

a) Multipliziere die Summe aus 122 und 53 mit der Differenz aus 387 und 198.

b) Addiere zum Produkt aus 17 und 21 den Quotienten aus 774 und 18.

c) Subtrahiere vom Quotienten aus 1221 und 11 die Differenz aus 428 und 376.

d) Dividiere das Produkt aus 25 und 14 durch die Differenz aus 111 und 97.

e) Addiere zur Zahl 673 das Produkt aus 109 und 3.

3. Kapitel

Die Verbindung der vier Grundrechnungsarten und ihre Darstellung

Es gibt Rechenausdrücke, bei denen nur ein einziges Rechenzeichen auftritt. Ihr Wert ist eindeutig bestimmt. Jeder, der rechnen kann, bekommt dasselbe Ergebnis heraus.

Beispiele:

$$3 + 5 = 8$$
$$7 - 2 = 5$$
$$8 \cdot 4 = 32$$
$$15 : 3 = 5$$

Anders sieht das bei einem Rechenausdruck aus, der zwei Rechenzeichen enthält, wie zum Beispiel

$$5 + 3 \cdot 7.$$

Hier gibt es zwei Möglichkeiten der Berechnung.

1. Möglichkeit:	*2. Möglichkeit:*
Wir addieren zuerst 5 und 3 und multiplizieren danach den Wert der Summe mit der Zahl 7.	Wir multiplizieren zuerst 3 und 7 und addieren danach den Wert des Produktes zu der Zahl 5.

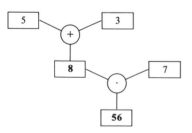 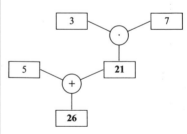

Ergebnis: $5 + 3 \cdot 7 = 56$ Ergebnis: $5 + 3 \cdot 7 = 26$

Die Ergebnisse unterscheiden sich!
Der Rechenausdruck $5 + 3 \cdot 7$ ist nicht eindeutig!
Er ist im wahrsten Sinne des Wortes *zwei*deutig.
Man kann ihn auf zweierlei Weise deuten und berechnen.

Noch mehr Möglichkeiten der Deutung und Berechnung bietet der
Rechenausdruck

$$15 \cdot 4 + 8 : 2.$$

Er enthält gleich drei verschiedene Rechenzeichen.
Berechnet man ihn der Reihe nach, dann ergibt sich der folgende
Rechenbaum:

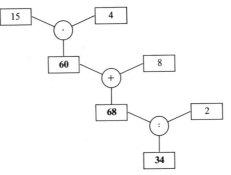

Ergebnis: $15 \cdot 4 + 8 : 2 = 34$

Man kann denselben Rechenausdruck aber auch so berechnen:

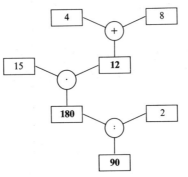

Ergebnis: $15 \cdot 4 + 8 : 2 = 90$

Und auch die folgende Deutung und Berechnung ist möglich:

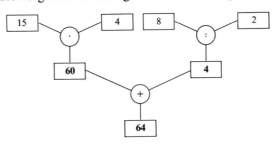

Ergebnis: $15 \cdot 4 + 8 : 2 = 64$

Wenn nun aber die Mathematiker etwas auf den Tod nicht ausstehen können, dann ist es die Mehrdeutigkeit.
Bei ihnen muß alles eindeutig bestimmt sein!
Und deshalb haben sie für die Reihenfolge bei der Berechnung von Rechenausdrücken, in denen mehrere Rechenzeichen vorkommen, ganz klare und eindeutige Regeln vereinbart. Man kann sie mit den Vorfahrtsregeln im Straßenverkehr vergleichen.

1. Vorfahrtsregel:
Multiplikation und Division haben stets Vorfahrt vor der Addition und Subtraktion.
Weil die Rechenzeichen für Multiplikation und Division Punkte sind, bezeichnet man diese beiden Rechnungsarten als Punktrechnung.
Und weil die Rechenzeichen für Addition und Subtraktion Striche sind, bezeichnet man diese beiden Rechnungsarten als Strichrechnung.

Unsere mathematische Vorfahrtsregel läßt sich damit so formulieren:

> *Punktrechnung geht vor Strichrechnung*

Oder noch kürzer:

$$\boxed{\text{Punkt vor Strich!}}$$

Und damit ist das Ergebnis für unsere beiden Beispiele eindeutig bestimmt.

Für das 1. Beispiel gilt:

$$5 + \underbrace{3 \cdot 7} =$$
$$\underbrace{5 + 21} =$$
$$\underline{26}$$

und für das 2. Beispiel gilt:

$$\underbrace{15 \cdot 4} + \underbrace{8 : 2} =$$
$$\underbrace{60 + 4} =$$
$$\underline{64}$$

Eine wertvolle Hilfe bei der Berechnung derartiger Rechenausdrücke bietet der Rechenbaum. Mit seiner Hilfe läßt sich der Ablauf der Rechnung besonders anschaulich darstellen.

Beispiel:

Der Rechenausdruck: $23 \cdot 7 - 72 : 18$

Der Rechenbaum: Berechnung ohne Baum:

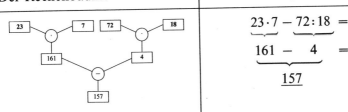

$$23 \cdot 7 - 72 : 18 =$$
$$161 - 4 =$$
$$\underline{157}$$

Der Aufgabentext: Subtrahiere vom Produkt aus 23 und 7 den Quotienten aus 72 und 18.

Weitere Beispiele:

1. Beispiel: Der Rechenausdruck: $414:18+21\cdot13$

Der Rechenbaum:	Berechnung ohne Baum:

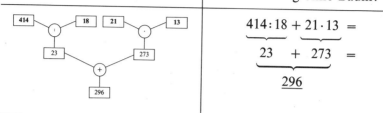

$$414:18 + 21\cdot13 =$$
$$23 \quad + \quad 273 \quad =$$
$$296$$

Der Aufgabentext: Addiere zum Quotienten aus 414 und 18 das Produkt aus 21 und 13.

2. Beispiel: Der Rechenausdruck: $485-208:13$

Der Rechenbaum:	Berechnung ohne Baum:

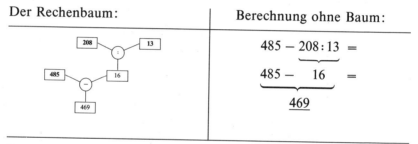

$$485 - 208:13 =$$
$$485 - \quad 16 \quad =$$
$$\underline{469}$$

Der Aufgabentext: Subtrahiere von der Zahl 485 den Quotienten aus 208 und 13.

3. Beispiel: Der Rechenausdruck: $48\cdot18+136$

Der Rechenbaum:	Berechnung ohne Baum:

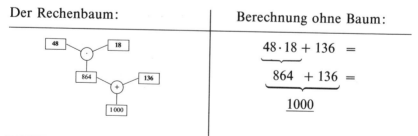

$$48\cdot18 + 136 =$$
$$864 + 136 =$$
$$\underline{1000}$$

Der Aufgabentext: Addiere zum Produkt aus 48 und 18 die Zahl 136.

1. Aufgabe: Zeichne jeweils einen Rechenbaum, gib das Ergebnis an und formuliere einen Aufgabentext.

a) $23 \cdot 17 + 552 : 12$ b) $43 \cdot 11 - 38 \cdot 12$

c) $594 : 18 + 800 : 25$ d) $2464 : 44 - 7 \cdot 8$

e) $315 \cdot 28 + 422 \cdot 15$ f) $17 \cdot 18 - 1056 : 88$

g) $718 - 23 \cdot 12$ h) $444 \cdot 44 + 1287$

i) $1872 : 52 + 82 \cdot 21$ k) $3788 - 1804 : 82$

l) $345 \cdot 27 + 896 \cdot 132$ m) $679 \cdot 93 - 12517$

n) $10947 : 123 + 13 \cdot 11$ o) $125 \cdot 35 - 49284 : 222$

2. Vorfahrtsregel:
Treten mehrere Strichrechnungen nacheinander auf, so erfolgt die Berechnung nach der Regel:

> Wer zuerst kommt, fährt zuerst!

Das bedeutet: Die einzelnen Strichrechnungen werden in der Reihenfolge ihres Auftretens, also von links nach rechts, ausgeführt.

Beispiel:

Der Rechenausdruck: $78 - 35 - 18 + 12$

Der Rechenbaum:	Berechnung ohne Baum:

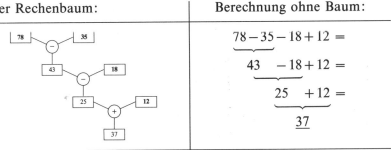

$$78 - 35 - 18 + 12 =$$
$$43 \quad - 18 + 12 =$$
$$25 \quad + 12 =$$
$$\underline{37}$$

Weitere Beispiele:

1. Beispiel:

Der Rechenausdruck: $138 - 105 + 225 - 198$

Der Rechenbaum:	Berechnung ohne Baum:
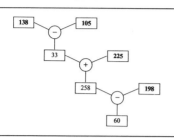	$138 - 105 + 225 - 198 =$ $\underbrace{\qquad}$ $33 \quad + 225 - 198 =$ $\underbrace{\qquad}$ $258 \quad - 198 =$ $\underbrace{\qquad}$ $\underline{60}$

2. Beispiel:

Der Rechenausdruck: $275 + 43 - 283 - 35$

Der Rechenbaum:	Berechnung ohne Baum:
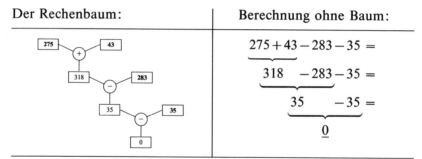	$275 + 43 - 283 - 35 =$ $\underbrace{\qquad}$ $318 \quad - 283 - 35 =$ $\underbrace{\qquad}$ $35 \quad - 35 =$ $\underbrace{\qquad}$ $\underline{0}$

2. Aufgabe: Berechne.

a) $378 - 123 + 407 - 101$ b) $777 + 313 - 417 - 239$

c) $1574 - 877 - 433 + 1273$ d) $2378 + 1396 - 2010 - 111$

e) $7354 - 3877 + 1738 - 2245$ f) $4728 + 307 - 1234 + 101$

g) $15388 + 7422 - 73 - 1289$ h) $4444 - 3211 - 247 - 385$

i) $23789 - 1438 - 3791 + 1011$

k) $11111 - 2222 - 3333 + 5555$

l) $43784 - 12397 - 18741 + 22397 - 17484$

m) $100000 - 23748 + 48739 - 74384 - 13795$

n) $75328 + 25719 - 16888 - 44377 - 12007$

o) $48733 - 22478 - 9379 - 4788 + 11111$

p) $88766 - 27839 + 44716 - 38791 - 222$

Beide bisher behandelten Vorfahrtsregeln,

Punkt vor Strich
und
Wer zuerst kommt, fährt zuerst,

müssen bei der Berechnung des folgenden Rechenausdrucks nacheinander angewendet werden.

Der Rechenausdruck: $62 - 3 \cdot 15 - 32 : 8 + 48$

Der Rechenbaum:	Berechnung ohne Baum:

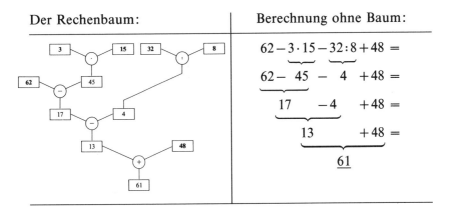

Berechnung ohne Baum:

$$62 - 3 \cdot 15 - 32 : 8 + 48 =$$
$$62 - 45 - 4 + 48 =$$
$$17 - 4 + 48 =$$
$$13 + 48 =$$
$$\underline{61}$$

Weitere Beispiele:

1. Beispiel:

Der Rechenausdruck: $105 : 15 + 42 \cdot 9 - 4 \cdot 13 - 12 \cdot 18$

Der Rechenbaum:

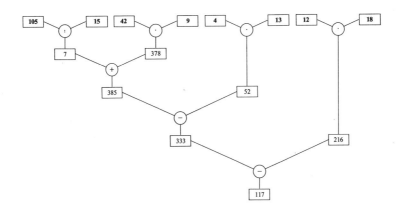

Berechnung ohne Baum:

$$105:15+42\cdot9-4\cdot13-12\cdot18=$$
$$7\ +\ 378\ -\ 52\ -\ 216\ =$$
$$385\ -\ 52\ -\ 216\ =$$
$$333\ -\ 216\ =$$
$$\underline{117}$$

2. Beispiel:

Der Rechenausdruck: $12\cdot8-42+38-96:24$

Der Rechenbaum:	Berechnung ohne Baum:
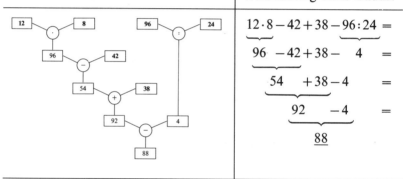	$12\cdot8-42+38-96:24=$ $96\ -42+38-\ 4\ =$ $54\ +38-4\ =$ $92\ -4\ =$ $\underline{88}$

3. Aufgabe: Berechne die folgenden Rechenausdrücke.

a) $45\cdot12+132:11-18\cdot15+308:22$

b) $1\,344:24+33\cdot18-12\cdot16-1\,848:33$

c) $235\cdot37-43\cdot22-1\,196:52-18\cdot13$

d) $456\cdot123+5\,166:42-234\cdot47-14\,586:66$

e) $777\cdot77-333\cdot33-10\,989:333-47\,287$

f) $4\,278\cdot45+13\,542:122-278\cdot88-4\,375:25-160\,000$

g) $152\,592:24+479\cdot93-728\cdot11+555\cdot55$

h) $979\cdot79-353\cdot41-667\cdot53+6\,832:122$

i) $115\cdot85-33\cdot28-17\cdot86-18\,870:85$

k) $6\,816:32+15\,228:27-14\,040:45+12\cdot115$

l) $174\cdot39-86\cdot44+38\cdot62-4\,285-15\,888:48$

m) $48\cdot16-12\cdot12+144:16-31\cdot14$

n) $198\cdot83-441:21-5\,148:22-85\cdot17-734$

o) $492\cdot29-387\cdot35+12\,960:135+475\cdot18$

p) $3\,214\cdot99-1\,235\cdot88-4\,271\cdot13-3\,055:13$

3. Vorfahrtsregel:
Blaulicht hat im Straßenverkehr stets Vorfahrt!
Mit Blaulicht daher kommt in der Mathematik die Klammer.
Und somit gilt:

> Was in Klammern steht, wird stets zuerst ausgerechnet!

Beispiel:

Der Rechenausdruck: $15 \cdot (23 - 11) - 12$

Der Rechenbaum:

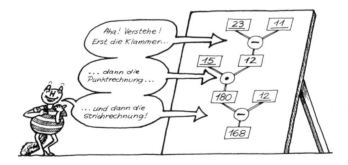

Berechnung ohne Baum:

$$15 \cdot (23 - 11) - 12 =$$
$$15 \cdot \quad 12 \quad - 12 =$$
$$180 \quad\quad - 12 =$$
$$\underline{168}$$

Weitere Beispiele:

1. Beispiel:

Der Rechenausdruck: $(18+27) \cdot (43-36) - 48 : 16$

Der Rechenbaum:

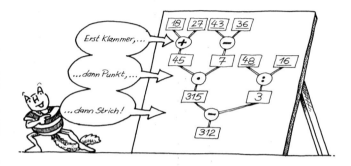

Berechnung ohne Baum:

$$(18+27) \cdot (43-36) - 48 : 16 =$$
$$45 \quad \cdot \quad 7 \quad -48 : 16 =$$
$$315 \qquad -3 \qquad =$$
$$\underline{312}$$

2. Beispiel:

Der Rechenausdruck: $84 - 72 : (43-31) + 22$

Der Rechenbaum: Berechnung ohne Baum:

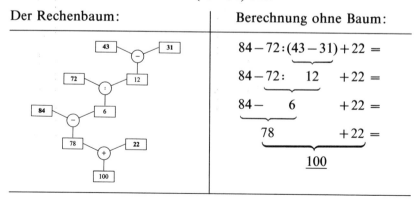

$$84 - 72 : (43-31) + 22 =$$
$$84 - 72 : \quad 12 \quad +22 =$$
$$84 - \quad 6 \qquad +22 =$$
$$78 \qquad +22 =$$
$$\underline{100}$$

3. Beispiel:

Der Rechenausdruck: $144 : (2 \cdot 6) + 35 \cdot (72 : 24)$

Der Rechenbaum:	Berechnung ohne Baum:

$$144 : (2 \cdot 6) + 35 \cdot (72 : 24) =$$

$$144 : \quad 12 \quad + 35 \cdot \quad 3 \quad =$$

$$12 \quad + \quad 105 \quad =$$

$$117 \quad =$$

4. **Aufgabe:** Berechne die folgenden Rechenausdrücke:

a) $(12 + 24) \cdot (17 - 9)$ b) $(13 + 48) \cdot 17$

c) $360 : (47 - 29)$ d) $(58 + 86) : (37 - 21)$

e) $(68 - 29) \cdot 11 - 48$ f) $275 + (122 - 78) \cdot 15$

g) $216 : (144 : 36)$ h) $47 \cdot (414 : 18)$

i) $(328 + 444) - (427 - 344)$ k) $(328 + 444) - (427 + 344)$

l) $(896 + 128) : (32 \cdot 4)$ m) $(896 + 128) : (32 : 4)$

n) $77 \cdot (56 + 158) + 375$ o) $(378 + 1\,158) : (32 \cdot 12)$

p) $(378 + 1\,158) : (377 + 7)$ q) $115 \cdot (72 - 38) + 512 - 42 \cdot 11$

r) $384 : (111 - 47) + (12 + 15) \cdot (33 - 18) - 54$

s) $(122 - 38) \cdot (12 + 76) - 1\,536 : 384 + 15 \cdot (47 - 11)$

t) $(983 - 243) : (256 - 108) + (33 + 19) \cdot 21 - 14 \cdot (121 - 98)$

u) $157 \cdot 11 - (75 - 63) \cdot 9 + 864 : (18 \cdot 3) - 864 : (18 : 3)$

Auch für das, was in Klammern steht, gilt die Regel

„Punkt vor Strich".

Beispiel:

Der Rechenausdruck: $27 : (99 - 6 \cdot 15)$

Der Rechenbaum:	Berechnung ohne Baum:

$$27 : (99 - 6 \cdot 15) =$$

$$27 : (99 - \quad 90) \quad =$$

$$27 : \quad 9 \quad =$$

$$\underline{3}$$

4*

Weitere Beispiele:

1. Beispiel:

Der Rechenausdruck: $(24 \cdot 17 - 96 : 12) : (178 - 8 \cdot 16)$

Der Rechenbaum:

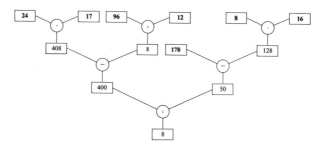

Berechnung ohne Baum:

$$(24 \cdot 17 - 96 : 12) : (178 - 8 \cdot 16) =$$
$$(408 \quad - \quad 8) \quad : (178 - 128) =$$
$$400 \quad : \quad 50 \quad =$$
$$\underline{8}$$

2. Beispiel:

Der Rechenausdruck: $(63 \cdot 7 + 121 : 11 - 12) : (155 - 48 \cdot 3)$

Der Rechenbaum:

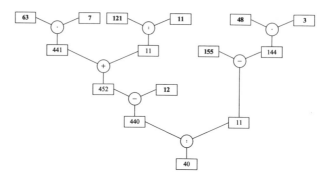

Berechnung ohne Baum:

$$(63 \cdot 7 + 121 : 11 - 12) : (155 - 48 \cdot 3) =$$
$$(441 + 11 - 12) : (155 - 144) =$$
$$(452 - 12) : 11 =$$
$$440 : 11 =$$
$$\underline{40}$$

5. Aufgabe: Berechne die folgenden Rechenausdrücke.

a) $(12 \cdot 5 + 3) \cdot (45 - 28 : 4)$

b) $(253 : 11 - 13) \cdot (18 \cdot 12 - 14 \cdot 13)$

c) $125 \cdot (184 - 9 \cdot 12)$

d) $1232 : (428 - 14 \cdot 29)$

e) $(250 - 24 \cdot 9) - (138 - 12 \cdot 11)$

f) $(12 \cdot 13 + 162 : 9 - 74) - (32 \cdot 8 - 2472 : 12)$

g) $(77 \cdot 8 - 576 : 18 - 520) : (14 \cdot 15 - 952 : 17 - 138)$

h) $(792 : 22 + 114 - 270 : 45) : (414 : 23)$

i) $29 \cdot 48 - (131 - 357 : 17) \cdot 12$

k) $(562 - 13 \cdot 42) \cdot (896 : 28 - 672 : 42)$

l) $20000 - (35 \cdot 22 - 1653 : 19) \cdot (456 - 36 \cdot 12)$

m) $(175 + 42 \cdot 39) - (54 \cdot 22 - 3264 : 48) - 4 \cdot 128$

n) $84 \cdot 26 - 4 \cdot (23 \cdot 24 - 1872 : 72)$

o) $(17 \cdot 19 + 1736 : 31 - 19) : (1360 : 17 - 8)$

p) $74 \cdot 125 + (330 + 24 \cdot 17 - 1276 : 22 + 13 \cdot 15) : (1113 : 21 - 28)$

4. Vorfahrtsregel:

Bei dem folgenden Rechenbaum sind die Vorfahrtsverhältnisse so verwickelt, daß man mit den bisherigen Mitteln nicht zu Rande kommt.

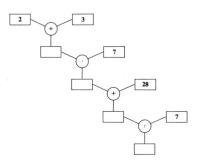

Der zu diesem Rechenbaum gehörende Rechenausdruck sieht in seiner Rohform, also ohne Klammern, so aus:

$$2 + 3 \cdot 7 + 28 : 7$$

Hierbei müßten wir aber nun nach der Regel „Punkt vor Strich" zuerst die Punktrechnungen $3 \cdot 7$ und $28 : 7$ durchführen. Das entspricht jedoch nicht den Vorschriften des Rechenbaums. Dieser bestimmt, daß zuerst die Summe aus 2 und 3 berechnet werden soll. Also muß diese Summe in Klammern gesetzt werden:

$$(2 + 3) \cdot 7 + 28 : 7$$

Aber auch in dieser Form entspricht der Rechenausdruck noch nicht dem Rechenbaum. Nach unseren Regeln müßten wir jetzt zuerst die beiden Punktrechnungen ausführen, also auch 28 durch 7 teilen.

Das soll aber nun gerade nicht geschehen!

Nicht die Zahl 28 soll durch 7 geteilt werden, sondern die Summe aus $(2 + 3) \cdot 7$ und 28. Also muß diese Summe in Klammern gesetzt werden:

$$((2 + 3) \cdot 7 + 28) : 7$$

Um die zweite Klammer von der zuerst gesetzten Klammer abzuheben, wird sie häufig als „eckige" Klammer dargestellt:

$$[(2 + 3) \cdot 7 + 28] : 7$$

Und wenn wir jetzt noch vereinbaren, daß zuerst die runde Klammer und danach erst die eckige Klammer berechnet werden soll, dann sind wir am Ziel angelangt. Der Rechenausdruck entspricht nun genau dem Rechenbaum, wie die folgende Gegenüberstellung zeigt:

Der Rechenbaum:	Berechnung ohne Baum:
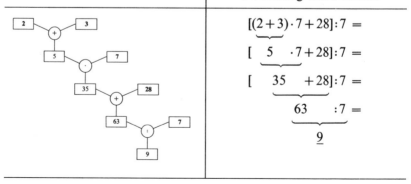	

Damit haben wir die 4. und letzte Vorfahrtsregel aufgestellt.

Sie lautet:

> Treten in einem Rechenausdruck runde (innere) und eckige (äußere) Klammern auf, dann werden stets zuerst die runden Klammern und danach erst die eckigen Klammern berechnet.

Oder kürzer:

> Erst die inneren Klammern, dann die äußeren Klammern!

Innerhalb einer jeden Klammer gilt nach wie vor die Regel „Punkt vor Strich".

Diese 4. Vorfahrtsregel läßt sich sinngemäß auch anwenden, wenn in einem Rechenausdruck mehr als zwei verschiedene Klammerarten auftreten.

1. Beispiel:

Der Rechenausdruck: $[12 \cdot (82 - 54) + 42] \cdot [33 - 154 : (23 - 2 \cdot 8)]$

Der Rechenbaum:

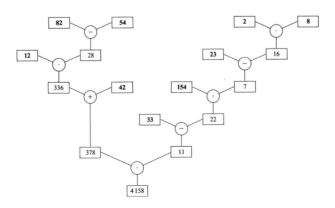

Berechnung ohne Baum:

$$[12 \cdot (82 - 54) + 42] \cdot [33 - 154 : (23 - 2 \cdot 8)] =$$
$$[12 \cdot \quad 28 \quad + 42] \cdot [33 - 154 : (23 - \quad 16) \,] =$$
$$[\quad 336 \quad\quad + 42] \cdot [33 - 154 : \quad\quad 7 \quad\quad] =$$
$$378 \quad\quad\quad \cdot [33 - \quad\quad 22 \quad\quad\quad\quad] =$$
$$378 \quad\quad\quad\quad \cdot \quad\quad 11 \quad\quad\quad\quad =$$
$$\underline{4158}$$

2. Beispiel:

Der Rechenausdruck: $[(37 + 21) : 29 + 17] \cdot (5 \cdot 3 - 11)$

Der Rechenbaum:	Berechnung ohne Baum:
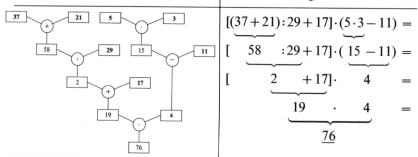	$[(37 + 21) : 29 + 17] \cdot (5 \cdot 3 - 11) =$ $[\quad 58 \quad : 29 + 17] \cdot (\; 15 - 11) =$ $[\quad\quad 2 \quad + 17] \cdot \quad 4 \quad =$ $19 \quad \cdot \quad 4 \quad =$ $\underline{76}$

3. Beispiel:

Der Rechenausdruck: $(12 \cdot 8 + 78 : 13) : [15 \cdot (98 - 72) - 113 \cdot 3]$

Der Rechenbaum:

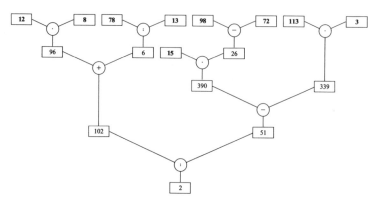

Berechnung ohne Baum:

$$(12 \cdot 8 + 78 : 13) : [15 \cdot (98 - 72) - 113 \cdot 3] =$$

$$(\;96\; + \;6\;) : [15 \cdot \;26\; - 339\;] =$$

$$102 \qquad : [\;390\; - 339\;] =$$

$$102 \qquad : \qquad 51 \qquad =$$

$$\underline{2}$$

6. Aufgabe: Berechne die folgenden Rechenausdrücke.
a) $[9 \cdot (13 - 8) + 27] : [3 \cdot (48 : 8)]$
b) $[(32 + 18) \cdot 14 + 75] : (3 \cdot 43 - 104)$
c) $[(324 - 160) \cdot (32 - 14) + 121] \cdot (144 : 18 - 3)$
d) $[17 \cdot 31 + (247 - 199) \cdot 12] \cdot [175 - (13 - 8) \cdot 35]$
e) $[4422 - (33 \cdot 21 + 775) : 4 - 55] : (1\,120 : 28)$
f) $[(12 \cdot 18 - 216) \cdot 325 + (24 \cdot 6 - 144) \cdot 218] : (378 - 122)$
g) $[2\,325 - (3\,878 - 2\,927)] \cdot [4\,218 - (2\,419 + 1\,798)]$
h) $[99 - 9 \cdot (99 - 90)] \cdot (9 + 999)$
i) $10\,000 - 12 \cdot [48 + 1\,872 : 36] - [(378 + 222) \cdot 12 + 8 \cdot 200]$
k) $210 : [8 \cdot 6 - (4 \cdot 11 - 5) : 3]$
l) $[25 - (25 - 25)] : [25 : (25 : 25)]$
m) $(18 \cdot 12 + 169 : 13 - 144 : 36) : [(35 - 28) \cdot 3 - 6]$
n) $84 \cdot 11 - [129 : 3 - (86 - 43)] : [12 + (165 - 21) : 16]$
o) $[(12 + 15) \cdot 4 + (135 - 12 \cdot 6) \cdot 7] \cdot [(13 + 26) : 13]$
p) $25 - [(25 \cdot 25 - 25) : 25 - (25 + 25) : 25]$

Zusammenfassung

Das hast du im 3. Kapitel gelernt:

Für die Reihenfolge bei der Berechnung zusammengesetzter Rechenausdrücke gelten folgende Regeln:	
1. Strichrechnungen werden in der Reihenfolge ihres Auftretens, also schrittweise von links nach rechts ausgeführt.	$43 - 7 - 12 + 15 =$ $36\; - 12 + 15 =$ $24\; + 15 =$ $\underline{39}$

2. Punktrechnung geht vor Strichrechnung.	$5 \cdot 3 - 6 : 2 =$ $15 - 3 =$ 12
3. Klammern werden stets zuerst berechnet.	$125 - (12 \cdot 5 + 28 : 7) =$ $125 - (60 + 4) =$ $125 - 64 =$ 61
4. Treten runde (innere) und eckige (äußere) Klammern auf, dann beginnt die Berechnung stets bei den runden (inneren) Klammern.	$[13 \cdot (3 \cdot 4 - 10) - 16] : [25 - (3 + 2 \cdot 6)] =$ $[13 \cdot (12 - 10) - 16] : [25 - (3 + 12)] =$ $[13 \cdot 2 - 16] : [25 - 15] =$ $[26 - 16] : 10 =$ $10 : 10 =$ 1

Und nun folgt ein Test, mit dem du überprüfen kannst, ob du den in diesem Kapitel behandelten Stoff verstanden hast und auch anwenden kannst.

Mehr als 2 Fehler pro Aufgabenblock sollten dir dabei nicht unterlaufen. Anderenfalls mußt du noch ein bißchen üben, ehe du zum nächsten Kapitel übergehst. Aufgaben zum Üben hast du ja genügend, denn sicher hast du noch nicht alle Aufgaben gelöst, die in diesem Kapitel enthalten sind.

Test zum 3. Kapitel

1. Berechne.
   a) $24 \cdot 18 - 552 : 12$
   b) $48 \cdot 12 - 33 \cdot 15 + 792 : 24$
   c) $2772 : 84 + 87 \cdot 15 - 23 + 441 : 21$
   d) $1000 - 23 \cdot 19 - 437 : 19 - 19$
   e) $56 \cdot 22 - 1496 : 88 + 3910 : 115 - 111$

2. Berechne.
   a) $(18 + 27) \cdot (35 - 12)$
   b) $(52 + 4 \cdot 23) : (35 \cdot 5 - 7 \cdot 21 - 156 : 13)$

c) $133 \cdot 12 - (83 - 52) \cdot 9 + 2328 : (18 : 3) - 1890 : (18 \cdot 3)$

d) $3 \cdot (12 \cdot 18 - 24) + 15 \cdot (75 \cdot 5 - 1050 : 14) - 1111$

e) $(18 \cdot 34 - 288 : 24 + 13 \cdot 22 - 836) \cdot (570 : 15 + 13 \cdot 11 - 12 \cdot 15)$

3. Berechne.

a) $[11 \cdot (15 + 18) - 63] : (96 : 8)$

b) $(7 \cdot 15 + 429 : 11) : [(23 + 42) : 13 + (13 \cdot 7 - 72)]$

c) $[(52 - 27) \cdot 25 - (111 + 288)] \cdot [192 : (77 - 53)]$

d) $[504 : (7 \cdot 36) + (15 + 2) \cdot (15 - 2)] \cdot (8 \cdot 19 - 864 : 6)$

e) $(304 : 19) : 2 - [(427 - 399) \cdot (24 - 17) - 38 \cdot 5]$

4. Kapitel

Terme

Gliederung – Wortform – Berechnung

Bei den Mathematikern ist es üblich, Zahlen und sinnvolle Zusammenstellungen von Zahlen, Rechenzeichen und Klammern als Terme zu bezeichnen.
Beispiele für Terme sind:

$$137$$
$$7+12$$
$$3+5\cdot4$$
$$(5+9):7$$

Alles, was wir bisher als Rechenausdruck bezeichnet haben, war nichts anderes als eine sinnvolle Zusammenstellung von Zahlen, Rechenzeichen und Klammern.
Jeder Rechenausdruck ist also ein Term.
Wir werden deshalb von jetzt an die Bezeichnung „Rechenausdruck" durch die Bezeichnung „Term" ersetzen.

Wenn wir den Term $7+2$ beschreiben sollen, dann können wir das unter Verwendung der im 1. Kapitel angegebenen Bezeichnungen folgendermaßen tun:
„Der Term ist eine Summe.
1. Summand ist die Zahl 7.
2. Summand ist die Zahl 2."
Diese Beschreibung bezeichnet man als *Gliederung* des Terms.

Wenn wir den Term $7+2$ als Rechenaufgabe formulieren sollen, dann können wir schreiben:
„Addiere zur Zahl 7 die Zahl 2"
oder „Vergrößere die Zahl 7 um 2"
oder „Zähle die Zahlen 7 und 2 zusammen"
Eine derartige Formulierung bezeichnet man als *Wortform* des Terms.

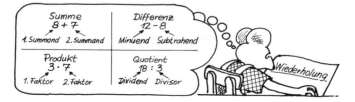

Weitere Beispiele:

Der Term	Die Gliederung:	Die Wortform:
12 + 8	Der Term ist eine Summe. 1. Summand ist die Zahl 12. 2. Summand ist die Zahl 8.	Addiere zur Zahl 12 die Zahl 8.
9 − 4	Der Term ist eine Differenz. Minuend ist die Zahl 9. Subtrahend ist die Zahl 4.	Subtrahiere von der Zahl 9 die Zahl 4.
5 · 8	Der Term ist ein Produkt. 1. Faktor ist die Zahl 5. 2. Faktor ist die Zahl 8.	Multipliziere die Zahl 5 mit der Zahl 8.
15 : 3	Der Term ist ein Quotient. Dividend ist die Zahl 15. Divisor ist die Zahl 3.	Dividiere die Zahl 15 durch die Zahl 3.

Die Gliederung bei den vier Beispielen, die wir bisher behandelt haben, war ja nun fürwahr kein schwieriges Unterfangen.
Bei jedem der vier Terme tauchte nur ein einziges Rechenzeichen auf, und das bestimmte die Art des Terms.

War das Rechenzeichen „+", dann war der Term eine Summe.
War das Rechenzeichen „−", dann war der Term eine Differenz.
War das Rechenzeichen „·", dann war der Term ein Produkt.
War das Rechenzeichen „:", dann war der Term ein Quotient.

Wie verhält es sich nun aber mit dem Term

$$3 + 5 \cdot 4 \, ?$$

Hier tauchen gleichzeitig zwei unterschiedliche Rechenzeichen auf: das Zeichen „+" und das Zeichen „·".

Geben wir dem „·"-Zeichen den Vorrang, dann müssen wir den Term als Produkt bezeichnen.

Geben wir dagegen dem „+"-Zeichen den Vorrang, dann müssen wir den Term als Summe bezeichnen.

Wie sollen wir uns entscheiden?
Ein Blick auf den zugehörigen Rechenbaum erleichtert uns die Entscheidung.

Er sieht so aus:

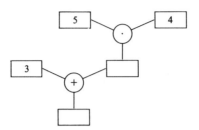

Es erscheint als vernünftig, das direkt über der „Wurzel" des Baumes stehende Rechenzeichen als das Zeichen zu betrachten, das die Art des Terms bestimmt. Im vorliegenden Fall ist dieses Rechenzeichen ein „+"-Zeichen. Also ergibt sich die folgende Gliederung:

    „Der Term ist eine Summe.

    1. Summand ist die Zahl 3.

    2. Summand ist das Produkt aus den Zahlen 5 und 4."

Und die Wortform lautet:

    „Addiere zur Zahl 3 das Produkt aus den Zahlen 5 und 4."

Allgemein gilt die folgende Festlegung:

Die Art eines Termes wird von demjenigen Rechenzeichen bestimmt, dessen Rechnung als letzte durchgeführt wird.

Ist es „+", dann ist der Term eine *Summe*.

Ist es „−", dann ist der Term eine *Differenz*.

Ist es „·", dann ist der Term ein *Produkt*.

Ist es „:", dann ist der Term ein *Quotient*.

Weitere Beispiele:

1. Beispiel:

Der Term:	Die Gliederung:	Die Wortform:
$12:3-2$	Der Term ist eine *Differenz.* Minuend ist der Quotient aus 12 und 3. Subtrahend ist die Zahl 2.	Subtrahiere von dem Quotienten aus 12 und 3 die Zahl 2.

2. Beispiel:

Der Term:	Die Gliederung:	Die Wortform:
$3 \cdot 5 + 21 : 7$	Der Term ist eine *Summe.* 1. Summand ist das Produkt aus 3 und 5. 2. Summand ist der Quotient aus 21 und 7.	Addiere zum Produkt aus 3 und 5 den Quotienten aus 21 und 7.

3. Beispiel:

Der Term:	Die Gliederung:	Die Wortform:
$(15+23):19$	Der Term ist ein *Quotient.* Dividend ist die Summe aus 15 und 23. Divisor ist die Zahl 19.	Dividiere die Summe aus 15 und 23 durch 19.

4. Beispiel:

Der Term:	Die Gliederung:	Die Wortform:
$(13-5)\cdot(11+9)$	Der Term ist ein *Produkt*. 1. Faktor ist die Differenz aus 13 und 5. 2. Faktor ist die Summe aus 11 und 9	Multipliziere die Differenz aus 13 und 5 mit der Summe aus 11 und 9.

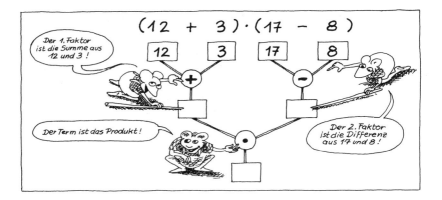

1. Aufgabe: Gib zu jedem Term die Gliederung und die Wortform an. Berechne jeweils auch den Wert des Terms.

a) $15+3\cdot9$
b) $(15+3)\cdot9$
c) $78-12\cdot6$
d) $(78-12)\cdot6$
e) $8\cdot14-88$
f) $38\cdot(27-13)$
g) $(96+42):6$
h) $144:(12+6)$
i) $96+42:6$
k) $93-84:7$
l) $144:16-4$
m) $(183-21):9$
n) $38\cdot(27-13)$
o) $144:12+6$
p) $(96:8)\cdot12$
q) $96:(8\cdot12)$
r) $25\cdot(51:17)$
s) $(25\cdot51):17$
t) $(12+19)\cdot(23-18)$
u) $(86+35):(48-37)$
v) $(386-161):(129+96)$
w) $17\cdot11+114:19$
x) $360:8-5\cdot9$
y) $561:17-(83-68)$
z) $(96:2):16$

Als Vorbereitung auf die folgenden Aufgaben wollen wir zunächst einige häufig vorkommenden Terme samt Gliederung und Wortform in einer Tabelle zusammenstellen.

Der Term:	Die Gliederung:	Die Wortform:
$a + b$	Der Term ist eine Summe. 1. Summand ist a. 2. Summand ist b.	Addiere zur Zahl a die Zahl b.
$a - b$	Der Term ist eine Differenz. Minuend ist a. Subtrahend ist b.	Subtrahiere von der Zahl a die Zahl b.
$b - a$	Der Term ist eine Differenz. Minuend ist b. Subtrahend ist a.	Subtrahiere von der Zahl b die Zahl a.
$a \cdot b$	Der Term ist ein Produkt. 1. Faktor ist a. 2. Faktor ist b.	Multipliziere die Zahl a mit der Zahl b.
$a : b$	Der Term ist ein Quotient. Dividend ist a. Divisor ist b.	Dividiere die Zahl a durch die Zahl b.
$b : a$	Der Term ist ein Quotient. Dividend ist b. Divisor ist a.	Dividiere die Zahl b durch die Zahl a.
$a + b \cdot c$	Der Term ist eine Summe. 1. Summand ist a. 2. Summand ist das Produkt aus b und c.	Addiere zur Zahl a das Produkt der Zahlen b und c.
$(a + b) \cdot c$	Der Term ist ein Produkt. 1. Faktor ist die Summe aus a und b. 2. Faktor ist c.	Multipliziere die Summe der Zahlen a und b mit der Zahl c.
$a - b \cdot c$	Der Term ist eine Differenz. Minuend ist a. Subtrahend ist das Produkt aus b und c.	Subtrahiere von der Zahl a das Produkt der Zahlen b und c.

Der Term:	Die Gliederung:	Die Wortform:
$(a-b) \cdot c$	Der Term ist ein Produkt. 1. Faktor ist die Differenz aus a und b. 2. Faktor ist c.	Multipliziere die Differenz der Zahlen a und b mit der Zahl c.
$a \cdot b - c$	Der Term ist eine Differenz. Minuend ist das Produkt aus a und b. Subtrahend ist c.	Subtrahiere vom Produkt der Zahlen a und b die Zahl c.
$a \cdot (b-c)$	Der Term ist ein Produkt. 1. Faktor ist a. 2. Faktor ist die Differenz aus b und c.	Multipliziere die Zahl a mit der Differenz der Zahlen b und c.
$(a+b):c$	Der Term ist ein Quotient. Dividend ist die Summe aus a und b. Divisor ist c.	Dividiere die Summe der Zahlen a und b durch die Zahl c.
$a:(b+c)$	Der Term ist ein Quotient. Dividend ist a. Divisor ist die Summe aus b und c.	Dividiere die Zahl a durch die Summe der Zahlen b und c.
$a+b:c$	Der Term ist eine Summe. 1. Summand ist a. 2. Summand ist der Quotient aus b und c.	Addiere zur Zahl a den Quotienten der Zahlen b und c.
$a-b:c$	Der Term ist eine Differenz. Minuend ist a. Subtrahend ist der Quotient aus b und c.	Subtrahiere von der Zahl a den Quotienten der Zahlen b und c.
$a:b-c$	Der Term ist eine Differenz. Minuend ist der Quotient aus a und b. Subtrahend ist c.	Subtrahiere vom Quotienten der Zahlen a und b die Zahl c.
$(a-b):c$	Der Term ist ein Quotient. Dividend ist die Differenz aus a und b. Divisor ist c.	Dividiere die Differenz der Zahlen a und b durch c.

Der Term:	Die Gliederung:	Die Wortform:
$(a:b) \cdot c$	Der Term ist ein Produkt. 1. Faktor ist der Quotient aus a und b. 2. Faktor ist die Zahl c.	Multipliziere den Quotienten aus a und b mit der Zahl c.
$a:(b \cdot c)$	Der Term ist ein Quotient. Dividend ist a. Divisor ist das Produkt aus b und c.	Dividiere die Zahl a durch das Produkt der Zahlen b und c.
$a \cdot (b:c)$	Der Term ist ein Produkt. 1. Faktor ist a. 2. Faktor ist der Quotient aus b und c.	Multipliziere die Zahl a mit dem Quotienten der Zahlen b und c.
$(a \cdot b):c$	Der Term ist ein Quotient. Dividend ist das Produkt aus a und b. Divisor ist c.	Dividiere das Produkt aus den Zahlen a und b durch die Zahl c.
$(a+b) \cdot (c-d)$	Der Term ist ein Produkt. 1. Faktor ist die Summe aus a und b. 2. Faktor ist die Differenz aus c und d.	Multipliziere die Summe der Zahlen a und b mit der Differenz der Zahlen c und d.
$(a+b):(c-d)$	Der Term ist ein Quotient. Dividend ist die Summe aus a und b. Divisor ist die Differenz aus c und d.	Dividiere die Summe der Zahlen a und b durch die Differenz der Zahlen c und d.
$(a-b):(c+d)$	Der Term ist ein Quotient. Dividend ist die Differenz aus a und b. Divisor ist die Summe aus c und d.	Dividiere die Differenz der Zahlen a und b durch die Summe der Zahlen c und d.
$a \cdot b+c:d$	Der Term ist eine Summe. 1. Summand ist das Produkt aus a und b. 2. Faktor ist der Quotient aus c und d.	Addiere zum Produkt der Zahlen a und b den Quotienten der Zahlen c und d.

Der Term:	Die Gliederung:	Die Wortform:
a:b — c·d	Der Term ist eine Differenz. Minuend ist der Quotient aus a und b. Subtrahend ist das Produkt aus c und d.	Subtrahiere vom Quotienten der Zahlen a und b das Produkt der Zahlen c und d.
a:b — (c — d)	Der Term ist eine Differenz. Minuend ist der Quotient aus a und b. Subtrahend ist die Differenz aus c und d.	Subtrahiere vom Quotienten der Zahlen a und b die Differenz der Zahlen c und d.

2. Aufgabe: Gegeben ist die Wortform. Bestimme den zugehörigen Term, gliedere ihn und berechne seinen Wert.
a) Addiere zur Zahl 27 das Produkt aus 13 und 6.
b) Multipliziere die Summe aus 27 und 13 mit der Zahl 6.
c) Subtrahiere von der Zahl 145 das Produkt aus 15 und 7.
d) Multipliziere die Differenz aus 87 und 21 mit der Zahl 4.
e) Subtrahiere vom Produkt aus 18 und 3 die Zahl 25.
f) Multipliziere die Zahl 9 mit der Differenz aus 23 und 11.
g) Dividiere die Summe aus 133 und 59 durch die Zahl 16.
h) Dividiere die Zahl 338 durch die Summe aus 17 und 9.
i) Addiere zur Zahl 84 den Quotienten aus 84 und 7.
k) Subtrahiere von der Zahl 84 den Quotienten aus 84 und 7.

l) Subtrahiere vom Quotienten aus 196 und 14 die Zahl 14.

m) Dividiere die Differenz aus 777 und 152 durch die Zahl 25.

n) Multipliziere den Quotienten aus 195 und 15 mit der Zahl 9.

o) Dividiere die Zahl 462 durch das Produkt aus 3 und 7.

p) Multipliziere die Zahl 33 mit dem Quotienten aus 232 und 29.

q) Dividiere das Produkt aus 25 und 14 durch die Zahl 35.

r) Multipliziere die Summe der Zahlen 42 und 18 durch die Differenz derselben beiden Zahlen.

s) Dividiere die Summe aus 133 und 77 durch die Differenz aus 52 und 38.

t) Dividiere die Differenz aus 625 und 98 durch die Summe aus 12 und 19.

u) Addiere zum Produkt aus 12 und 17 den Quotienten aus 902 und 41.

v) Subtrahiere vom Quotienten aus 931 und 19 das 7fache von 7.

w) Subtrahiere vom Quotienten aus 792 und 8 die Differenz aus 187 und 88.

x) Dividiere den Quotienten aus 672 und 7 durch die Zahl 8.

y) Addiere zur Zahl 79 das Produkt aus 13 und 28.

z) Dividiere die Summe der Zahlen 48 und 24 durch die Differenz derselben beiden Zahlen.

3. Aufgabe: Gegeben ist eine Gliederung. Bestimme den zugehörigen Term, berechne seinen Wert und gib die Wortform an.

a) Der Term ist eine Summe. 1. Summand ist die Zahl 42; 2. Summand ist das Produkt aus 14 und 7.

b) Der Term ist ein Produkt. 1. Faktor ist die Summe aus 38 und 17; 2. Faktor ist die Zahl 12.

c) Der Term ist eine Differenz. Minuend ist die Zahl 215, Subtrahend ist das Produkt aus 8 und 19.

d) Der Term ist ein Produkt. 1. Faktor ist die Differenz aus 91 und 63; 2. Faktor ist die Zahl 11.

e) Der Term ist eine Differenz. Minuend ist das Produkt aus 22 und 8. Subtrahend ist die Zahl 175.

f) Der Term ist ein Produkt. 1. Faktor ist die Zahl 16; 2. Faktor ist die Differenz aus 47 und 29.

g) Der Term ist ein Quotient. Dividend ist die Summe aus 77 und 28. Divisor ist die Zahl 5.

h) Der Term ist ein Quotient. Dividend ist die Zahl 169. Divisor ist die Differenz aus 52 und 39.

i) Der Term ist eine Summe. 1. Summand ist die Zahl 63; 2. Summand ist der Quotient aus 222 und 6.

k) Der Term ist eine Differenz. Minuend ist die Zahl 28. Subtrahend ist der Quotient aus 286 und 22.

l) Der Term ist eine Differenz. Minuend ist der Quotient aus 288 und 16. Subtrahend ist die Zahl 15.

m) Der Term ist ein Quotient. Dividend ist die Differenz aus 998 und 118. Divisor ist die Zahl 55.

n) Der Term ist ein Produkt. 1. Faktor ist der Quotient aus 351 und 13; 2. Faktor ist die Zahl 19.

o) Der Term ist ein Quotient. Dividend ist die Zahl 324. Divisor ist das Produkt aus 9 und 4.

p) Der Term ist ein Produkt. 1. Faktor ist die Zahl 17; 2. Faktor ist der Quotient aus 136 und 17.

q) Der Term ist ein Quotient. Dividend ist das Produkt aus 17 und 136. Divisor ist die Zahl 17.

r) Der Term ist ein Produkt. 1. Faktor ist die Summe aus den Zahlen 63 und 37; 2. Faktor ist die Differenz derselben beiden Zahlen.

s) Der Term ist ein Quotient. Dividend ist die Summe aus 378 und 238. Divisor ist die Differenz aus 94 und 83.

t) Der Term ist ein Quotient. Dividend ist die Differenz aus 615 und 86. Divisor ist die Summe aus 9 und 14.

u) Der Term ist eine Summe. 1. Summand ist das Produkt aus 14 und 22; 2. Summand ist der Quotient aus 759 und 33.

v) Der Term ist eine Differenz. Minuend ist der Quotient aus 841 und 29. Subtrahend ist das Produkt aus 4 und 6.

w) Der Term ist eine Differenz. Minuend ist der Quotient aus 990 und 55. Subtrahend ist die Differenz aus 81 und 75.

x) Der Term ist ein Quotient. Dividend ist der Quotient aus 1 001 und 13. Divisor ist die Zahl 11.

y) Der Term ist eine Summe. 1. Summand ist die Zahl 125; 2. Summand ist das Produkt aus 18 und 15.

z) Der Term ist ein Produkt. 1. Faktor ist die Summe aus 15 und 4. 2. Faktor ist die Differenz aus 15 und 4.

Eine Gliederung und eine Wortform ließe sich natürlich auch für den folgenden Term angeben:

$$(3 \cdot 7 + 15) \cdot [15 \cdot (23 - 8) - (48 + 132)].$$

Diese Arbeit wollen wir uns jedoch lieber nicht zumuten, zumal diese Formulierungen so unübersichtlich würden, daß man mit ihnen praktisch nichts anfangen könnte.

Keine Mühe hingegen macht selbst bei einem so umfangreichen und verwickelt aufgebauten Term die Angabe der Art des Terms. Ob es sich bei dem Term um eine Summe, eine Differenz, ein Produkt oder einen Quotienten handelt, das wird ganz allein von dem Rechenzeichen entschieden, das als letztes verarbeitet wird. Es steht im zugehörigen Baum an der untersten Stelle. Der zum vorliegenden Term gehörende Baum sieht so aus:

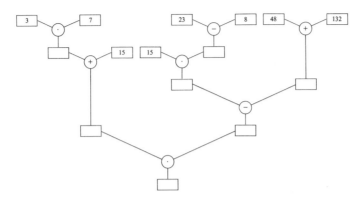

Das als letztes in Aktion tretende Rechenzeichen ist ein „·". Also ist der ganze Term ein Produkt.

Natürlich brauchst du nicht jedesmal den zugehörigen Baum zu zeichnen, wenn du die Art eines Terms bestimmen sollst. Wenn du's ohne Baum schaffst, dann kannst du getrost auf diese zusätzliche Arbeit verzichten.

Beispiele:

Der Term:	Die Art des Terms:
$[(8+4)\cdot 7+24]:(12-5)$	Quotient
$(8+4)\cdot 7+24 :(12-5)$	Summe
$(8+4)\cdot [7+24:(12-5)]$	Produkt
$[(8+4)\cdot 7+24 :12]-5$	Differenz

4. Aufgabe: Gib die Art des Terms an (Summe, Differenz, Produkt oder Quotient).

a) $10\cdot 8-6:2$

b) $10\cdot (8-6:2)$

c) $(10\cdot 8-6):2$

d) $[10\cdot (8-6)]:2$

e) $10\cdot [(8-6):2]$

f) $(2+3)\cdot 7+28:7$

g) $[(2+3)\cdot 7+28]:7$

h) $12\cdot (25+27\cdot 33)$

i) $12\cdot 25+27\cdot 33$

k) $510:15+2\cdot 23$

l) $(510:15+12)\cdot 23-11$

m) $(510:15+12)\cdot (23-11)$

n) $(250-24\cdot 9)-(138-12\cdot 11)$

o) $(250-24)\cdot 9-(138-12\cdot 11)$

p) $(250-24\cdot 9+138-12)\cdot 11$

q) $27\cdot (99-54:9)$

r) $27\cdot 99-54:9$

s) $(27\cdot 99-54):9$

t) $[27\cdot (99-54)]:9$

u) $(8\cdot 7+3)\cdot (44-28:4)$

v) $8 \cdot 7 + (3 \cdot 44 - 28 : 4)$ w) $(8 \cdot 7 + 3 \cdot 44) - 28 : 4$

x) $(8 \cdot 7 + 3) \cdot 44 - 28 : 4$ y) $(8 \cdot 7 + 3 \cdot 44 - 28) : 4$

5. Aufgabe: Berechne die Termwerte der in der 4. Aufgabe angegebenen Terme.

Zusammenfassung:

Das hast du im 4. Kapitel gelernt:

Zahlen und sinnvolle Zusammenstellungen von Zahlen, Rechenzeichen und Klammern bezeichnet man als Terme.	23 $5 - 3$ $7 \cdot 5 + 8$ $(3 \cdot 4 - 2) \cdot (12 : 3 + 5)$

Die Art eines Terms (Summe, Differenz, Produkt oder Quotient) wird von *dem* Rechenzeichen bestimmt, das als letztes verarbeitet wird. Im Rechenbaum steht dieses Rechenzeichen an der untersten Stelle.

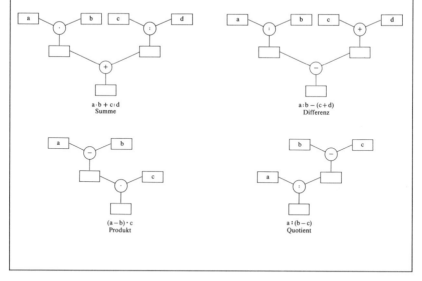

Mit dem folgenden Text kannst du überprüfen, ob du den im 4. Kapitel behandelten Stoff beherrschst. Mehr als 2 Fehler pro Aufgabenblock sollten dir dabei nicht unterlaufen.

Test zum 4. Kapitel

1. Berechne. Gib Gliederung und Wortform an.
   a) $24 \cdot 18 - 252 : 14$ b) $648 : 12 - (43 - 27)$
   c) $(17 + 29) \cdot (92 - 71)$ d) $(720 : 15) : (168 : 7)$
   e) $(156 - 89) \cdot (306 : 17)$

2. Gegeben ist die Wortform. Bestimme den zugehörigen Term, gliedere ihn und berechne seinen Wert.
   a) Dividiere die Differenz aus 778 und 153 durch den Quotienten aus 425 und 17.
   b) Subtrahiere von der Zahl 336 das Produkt aus 12 und 28.
   c) Subtrahiere vom Quotienten aus 444 und 6 die Differenz aus 333 und 282.
   d) Subtrahiere vom Quotienten aus 792 und 12 die Zahl 4.
   e) Dividiere die Zahl 792 durch die Differenz aus 12 und 4.

3. Gegeben ist die Gliederung. Bestimme den zugehörigen Term, berechne ihn und gib die Wortform an.
   a) Der Term ist ein Produkt.
      1. Faktor ist die Summe aus 48 und 67.
      2. Faktor ist die Differenz aus 34 und 28.
   b) Der Term ist eine Summe.
      1. Summand ist der Quotient aus 576 und 18.
      2. Summand ist das Produkt aus 11 und 21.
   c) Der Term ist eine Differenz.
      Minuend ist das Produkt aus 17 und 22.
      Subtrahend ist die Differenz aus 423 und 398.
   d) Der Term ist ein Produkt.
      1. Faktor ist die Differenz aus 328 und 215.
      2. Faktor ist der Quotient aus 624 und 48.
   e) Der Term ist ein Quotient.
      Dividend ist die Summe aus 144 und 72.
      Divisor ist die Differenz aus 144 und 72.

4. Gib an, ob es sich um eine Summe, eine Differenz, ein Produkt
   oder einen Quotienten handelt und berechne den Termwert.
   a) $(328 - 28 \cdot 11) \cdot 5 - 7 \cdot (38 - 29)$
   b) $[90 \cdot (63 - 54) - 4 \cdot 39] \cdot [8 \cdot (57 - 28) - (35 - 12)] - 1$
   c) $(13 + 4 \cdot 27) \cdot (42 - 19) + 125$
   d) $[(267 + 32) : 23 + 8] \cdot (12 \cdot 13 - 100)$
   e) $[17 \cdot (25 - 16) + 7] : (8 \cdot 13 - 4 \cdot 16)$

1. Kapitel

1. Aufgabe:

a) 7103	b) 5462	c) 6016	d) 2601
e) 96815	f) 27572	g) 36148	h) 28295

2. Aufgabe:

a) 2964	b) 3266	c) 5766	d) 6416
e) 4926	f) 10240	g) 2184	h) 8518
i) 22084			

3. Aufgabe:

a) 26625	b) 24	c) 56	d) 456
e) 33	f) 44426		

4. Aufgabe:

a) 45	b) 3026	c) 53	d) 8991
e) 123	f) 39	g) 56832	h) 321
i) 134596			

Test zum 1. Kapitel

1) 564	2) 6895	3) 9361	4) 1061
5) 2181	6) 456	7) 6218	8) 250
9) 15287	10) 304	11) 127	12) 43613
13) 6640	14) 248	15) 48	

2. Kapitel

1. Aufgabe:

a)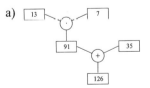

b)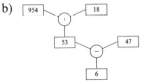

Addiere zum Produkt aus 13 und 7 die Zahl 35.

Subtrahiere vom Quotienten aus 954 und 18 die Zahl 47.

c)

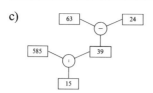

Dividiere die Zahl 585 durch die Differenz aus 63 und 24.

d)

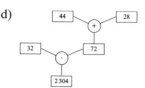

Multipliziere die Zahl 32 mit der Summe aus 44 und 28.

e)

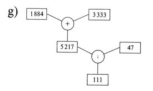

Subtrahiere vom Produkt aus 75 und 21 die Zahl 1328.

f)

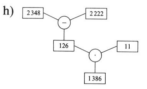

Subtrahiere von der Zahl 2378 die Summe aus 573 und 1293.

g)

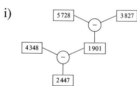

Dividiere die Summe aus 1884 und 3333 durch die Zahl 47.

h)

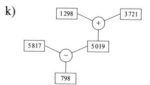

Multipliziere die Differenz aus 2348 und 2222 mit der Zahl 11.

i)

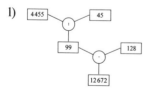

Subtrahiere von der Zahl 4348 die Differenz aus 5728 und 3827.

k)

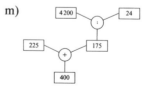

Subtrahiere von der Zahl 5817 die Summe aus 1298 und 3721.

l)

Multipliziere den Quotienten aus 4455 und 45 mit der Zahl 128.

m)

Addiere zur Zahl 225 den Quotienten aus 4200 und 24.

n)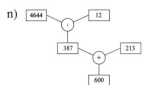

o)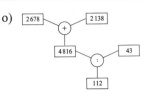

Addiere zum Quotienten aus 4644 und 12 die Zahl 213.

Dividiere die Summe aus 2678 und 2138 durch die Zahl 43.

p)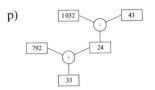

Dividiere die Zahl 792 durch den Quotienten aus 1032 und 43.

2. Aufgabe:

a) 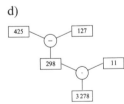 b) 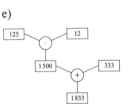 c)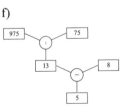

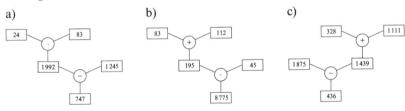

d) 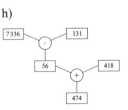 e) f)

g) 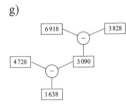 h) 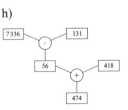 i)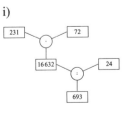

k)

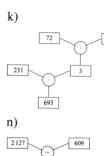

l)

m)

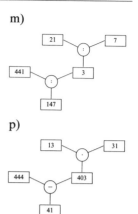

n)

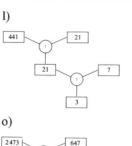

o)

p)

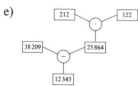

3. Aufgabe:

a)

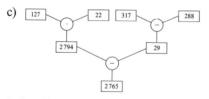

Addiere zum Produkt aus 45 und
28 den Quotienten aus 2024 und
88.

b)

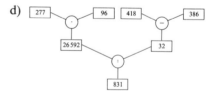

Multipliziere die Summe aus 48
und 153 mit der Differenz aus 287
und 198.

c)

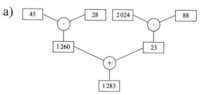

Subtrahiere vom Produkt aus 127
und 22 die Differenz aus 317 und
288.

d)

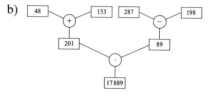

Dividiere das Produkt aus 277 und
96 durch die Differenz aus 418
und 386.

e)

Subtrahiere von der Zahl 38 209
das Produkt aus 212 und 122.

f)

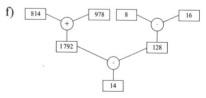

Dividiere die Summe aus 814 und
978 durch das Produkt aus 8 und
16.

g)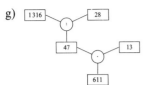

Multipliziere den Quotienten aus 1316 und 28 mit der Zahl 13.

h)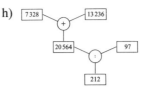

Dividiere die Summe aus 7328 und 13236 durch die Zahl 97.

i)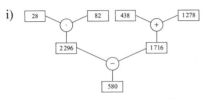

Subtrahiere vom Produkt aus 28 und 82 die Summe aus 438 und 1278.

k)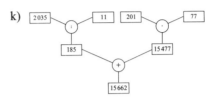

Addiere zum Quotienten aus 2035 und 11 das Produkt aus 201 und 77.

l)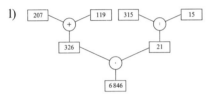

Multipliziere die Summe aus 207 und 119 mit dem Quotienten aus 315 und 15.

m)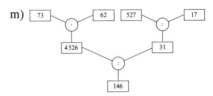

Dividiere das Produkt aus 73 und 62 durch den Quotienten aus 527 und 17.

n)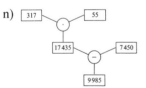

Subtrahiere vom Produkt aus 317 und 55 die Zahl 7450.

o)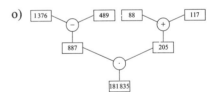

Multipliziere die Differenz aus 1376 und 489 mit der Summe aus 88 und 117.

p)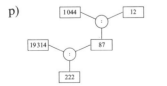

Dividiere die Zahl 19314 durch den Quotienten aus 1044 und 12.

q)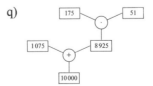

Addiere zur Zahl 1075 das Produkt aus 175 und 51.

4. Aufgabe:

a)

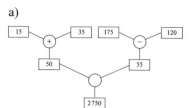

b)

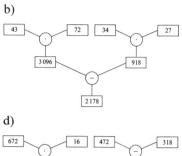

c)

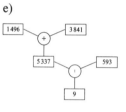

d)

e)

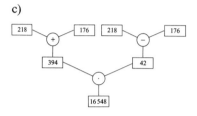

f)

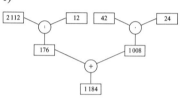

g)

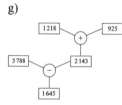

h)

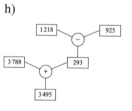

i)

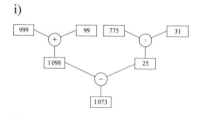

k)

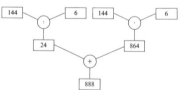

l)

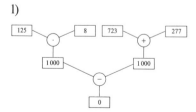

m)

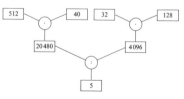

n)

o)

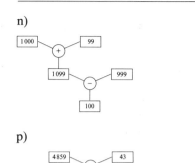

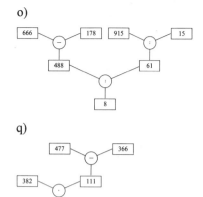

p)

q)

5. Aufgabe:

a)

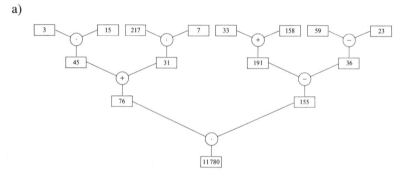

b)

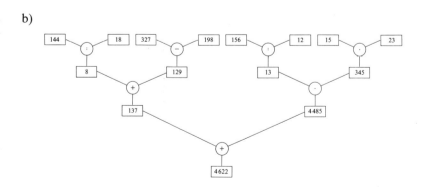

c)

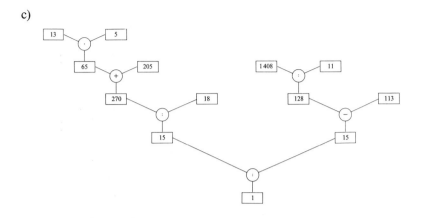

d)

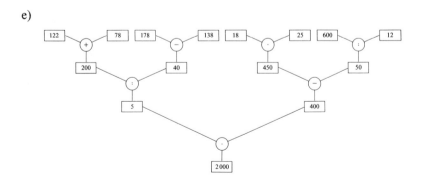

e)

6. Aufgabe:

a)

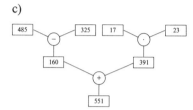

b)

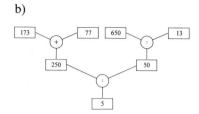

c)

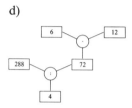

d)

e)

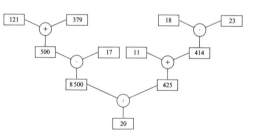

f)

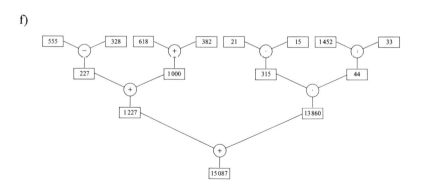

6*

g)

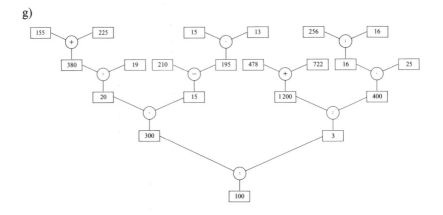

Test zum 2. Kapitel

1.

a)

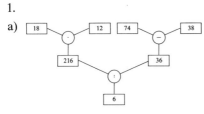

Dividiere das Produkt aus 18 und 12 durch die Differenz aus 74 und 38.

b)

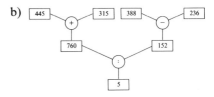

Dividiere die Summe aus 445 und 315 durch die Differenz aus 388 und 236.

c)

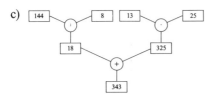

Addiere zum Quotienten aus 144 und 8 das Produkt aus 13 und 25.

d)

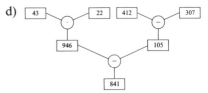

Subtrahiere vom Produkt aus 43 und 22 die Differenz aus 412 und 307.

e)

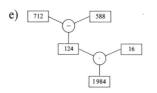

Multipliziere die Differenz aus 712 und 588 mit der Zahl 16.

2.

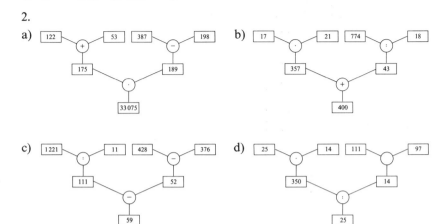

a)
122 + 53   387 − 198

175   189

·

33 075

b)
17 · 21   774 : 18

357   43

+

400

c)
1 221 : 11   428 − 376

111   52

−

59

d)
25 · 14   111 ○ 97

350   14

:

25

e)

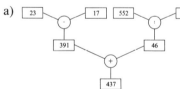

109 · 3

673 327

+

1 000

3. Kapitel

1. Aufgabe:

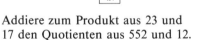

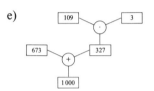

a)
23 · 17   552 : 12

391   46

+

437

Addiere zum Produkt aus 23 und
17 den Quotienten aus 552 und 12.

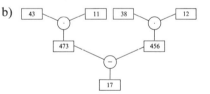

b)
43 · 11   38 · 12

473   456

−

17

Subtrahiere vom Produkt aus 43
und 11 das Produkt aus 38 und
12.

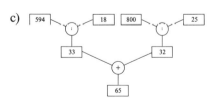

c)
594 : 18   800 : 25

33   32

+

65

Addiere zum Quotienten aus 594
und 18 den Quotienten aus 800
und 25.

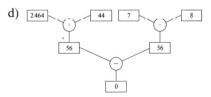

d)
2 464 : 44   7 · 8

56   56

−

0

Subtrahiere vom Quotienten aus
2 464 und 44 das Produkt aus 7
und 8.

e)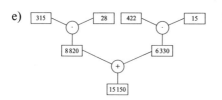

Addiere zum Produkt aus 315 und 28 das Produkt aus 422 und 15.

f)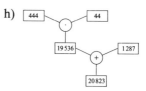

Subtrahiere vom Produkt aus 17 und 18 den Quotienten aus 1056 und 88.

g)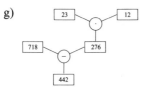

Subtrahiere von der Zahl 718 das Produkt aus 23 und 12.

h)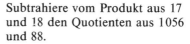

Addiere zum Produkt aus 444 und 44 die Zahl 1287.

i)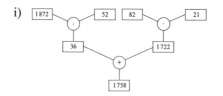

Addiere zum Quotienten aus 1872 und 52 das Produkt aus 82 und 21.

k)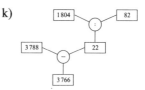

Subtrahiere von der Zahl 3788 den Quotienten aus 1804 und 82.

l)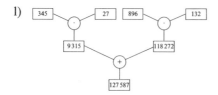

Addiere zum Produkt aus 345 und 27 das Produkt aus 896 und 132.

m)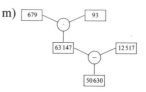

Subtrahiere vom Produkt aus 679 und 93 die Zahl 12517.

n)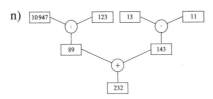

o)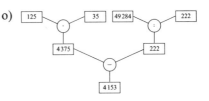

Addiere zum Quotienten aus 10947 und 123 das Produkt aus 13 und 11.

Subtrahiere vom Produkt aus 125 und 35 den Quotienten aus 49284 und 222.

2. Aufgabe:

a) 561	b) 434	c) 1537	d) 1653	e) 2970
f) 3902	g) 21448	h) 601	i) 19571	k) 11111
l) 17559	m) 36812	n) 27775	o) 23199	p) 66 630

3. Aufgabe:

a) 296	b) 402	c) 7492	d) 44992	e) 1520
f) 7982	g) 73422	h) 27573	i) 7167	k) 1845
l) 742	m) 199	n) 14000	o) 9369	p) 153748

4. Aufgabe:

a) 288	b) 1037	c) 20	d) 9	e) 381
f) 935	g) 54	h) 1081	i) 689	k) 1
l) 8	m) 128	n) 16853	o) 4	p) 4
q) 3960	o) 357	s) 7928	t) 775	u) 1491

5. Aufgabe:

a) 2394	b) 340	c) 9500	d) 56	e) 28
f) 50	g) 4	h) 8	i) 72	k) 256
l) 3608	m) 181	n) 80	o) 5	p) 9285

6. Aufgabe:

a) 4	b) 31	c) 15365	d) 0	e) 100
f) 0	g) 1374	h) 18144	i) 0	k) 6
l) 1	m) 15	n) 924	o) 1647	p) 3

Test zum 3. Kapitel

1. a) 386	b) 114	c) 1336	d) 521	e) 1138
2. a) 1035	b) 9	c) 1670	d) 3965	e) 50
3. a) 25	b) 6	c) 1808	d) 1784	e) 2

4. Kapitel

1. Aufgabe:

	Termwert	Gliederung	Wortform
a)	42	Der Term ist eine Summe. 1. Summand ist die Zahl 15. 2. Summand ist das Produkt aus 3 und 9.	Addiere zur Zahl 15 das Produkt aus 3 und 9.
b)	162	Der Term ist ein Produkt. 1. Faktor ist die Summe aus 15 und 3. 2. Faktor ist die Zahl 9	Multipliziere die Summe aus 15 und 3 mit der Zahl 9.
c)	6	Der Term ist eine Differenz. Minuend ist die Zahl 78. Subtrahend ist das Produkt aus 12 und 6.	Subtrahiere von der Zahl 78 das Produkt aus 12 und 6.
d)	396	Der Term ist ein Produkt. 1. Faktor ist die Differenz aus 78 und 12. 2. Faktor ist die Zahl 6.	Multipliziere die Differenz aus 78 und 12 mit der Zahl 6.
e)	24	Der Term ist eine Differenz. Minuend ist das Produkt aus 8 und 14. Subtrahend ist die Zahl 88.	Subtrahiere von dem Produkt aus 8 und 14 die Zahl 88.
f)	532	Der Term ist ein Produkt. 1. Faktor ist die Zahl 38. 2. Faktor ist die Differenz aus 27 und 13.	Multipliziere die Zahl 38 mit der Differenz aus 27 und 13.
g)	23	Der Term ist ein Quotient. Dividend ist die Summe aus 96 und 42. Divisor ist die Zahl 6.	Dividiere die Summe aus 96 und 42 durch die Zahl 6.
h)	8	Der Term ist ein Quotient. Dividend ist die Zahl 144. Divisor ist die Summe aus 12 und 6.	Dividiere die Zahl 144 durch die Summe aus 12 und 6.
i)	103	Der Term ist eine Summe. 1. Summand ist die Zahl 96. 2. Summand ist der Quotient aus 42 und 6.	Addiere zur Zahl 96 den Quotienten aus 42 und 6.

	Termwert	Gliederung	Wortform
k)	81	Der Term ist eine Differenz. Minuend ist die Zahl 93. Subtrahend ist der Quotient aus 84 und 7.	Subtrahiere von der Zahl 93 den Quotienten aus 84 und 7.
l)	5	Der Term ist eine Differenz. Minuend ist der Quotient aus 144 und 16. Subtrahend ist die Zahl 4.	Subtrahiere vom Quotienten aus 144 und 16 die Zahl 4.
m)	18	Der Term ist ein Quotient. Dividend ist die Differenz aus 183 und 21. Divisor ist die Zahl 9.	Dividiere die Differenz aus 183 und 21 durch die Zahl 9.
n)	532	Der Term ist ein Produkt. 1. Faktor ist die Zahl 38. 2. Faktor ist die Differenz aus 27 und 13.	Multipliziere die Zahl 38 mit der Differenz aus 27 und 13.
o)	18	Der Term ist eine Summe. 1. Summand ist der Quotient aus 144 und 12. 2. Summand ist die Zahl 6.	Addiere zum Quotienten aus 144 und 12 die Zahl 6.
p)	144	Der Term ist ein Produkt. 1. Faktor ist der Quotient aus 96 und 8. 2. Faktor ist die Zahl 12.	Multipliziere den Quotienten aus 96 und 8 mit der Zahl 12.
q)	1	Der Term ist ein Quotient. Dividend ist die Zahl 96. Divisor ist das Produkt aus 8 und 12.	Dividiere die Zahl 96 durch das Produkt 8 und 12.
r)	75	Der Term ist ein Produkt. 1. Faktor ist die Zahl 25. 2. Faktor ist der Quotient aus 51 und 17.	Multipliziere die Zahl 25 mit dem Quotienten aus 51 und 17.
s)	75	Der Term ist ein Quotient. Dividend ist das Produkt aus 25 und 51. Divisor ist die Zahl 17.	Dividiere das Produkt aus 25 und 51 durch die Zahl 17.

	Termwert	Gliederung	Wortform
t)	155	Der Term ist ein Produkt. 1. Faktor ist die Summe aus 12 und 19. 2. Faktor ist die Differenz aus 23 und 18.	Multipliziere die Summe aus 12 und 19 mit der Differenz aus 23 und 18.
u)	11	Der Term ist ein Quotient. Dividend ist die Summe aus 86 und 35. Divisor ist die Differenz aus 48 und 37.	Dividiere die Summe aus 86 und 35 durch die Differenz aus 48 und 37.
v)	1	Der Term ist ein Quotient. Dividend ist die Differenz aus 386 und 161. Divisor ist die Summe aus 129 und 96.	Dividiere die Differenz aus 386 und 161 durch die Summe aus 129 und 96.
w)	193	Der Term ist eine Summe. 1. Summand ist das Produkt aus 17 und 11. 2. Summand ist der Quotient aus 114 und 19.	Addiere zum Produkt aus 17 und 11 den Quotienten aus 114 und 9.
x)	0	Der Term ist eine Differenz. Minuend ist der Quotient aus 360 und 8. Subtrahend ist das Produkt aus 5 und 9.	Subtrahiere vom Quotienten aus 360 und 8 das Produkt aus 5 und 9.
y)	18	Der Term ist eine Differenz. Minuend ist der Quotient aus 561 und 17. Subtrahend ist die Differenz aus 83 und 68.	Subtrahiere vom Quotienten aus 561 und 17 die Differenz aus 83 und 68.
z)	3	Der Term ist ein Quotient. Dividend ist der Quotient aus 96 und 2. Divisor ist die Zahl 16.	Dividiere den Quotienten aus 96 und 2 durch die Zahl 16.

2. Aufgabe:

Term und Termwert	Gliederung
a) $27 + 13 \cdot 6 = 105$	Der Term ist eine Summe. 1. Summand ist die Zahl 27. 2. Summand ist das Produkt aus 13 und 6.
b) $(27 + 13) \cdot 6 = 240$	Der Term ist ein Produkt. 1. Faktor ist die Summe aus 27 und 13. 2. Faktor ist die Zahl 6.
c) $145 - 15 \cdot 7 = 40$	Der Term ist eine Differenz. Minuend ist die Zahl 145. Subtrahend ist das Produkt aus 15 und 7.
d) $(87 - 21) \cdot 4 = 264$	Der Term ist ein Produkt. 1. Faktor ist die Differenz aus 87 und 21. 2. Faktor ist die Zahl 4.
e) $18 \cdot 3 - 25 = 29$	Der Term ist eine Differenz. Minuend ist das Produkt aus 18 und 3. Subtrahend ist die Zahl 25.
f) $9 \cdot (23 - 11) = 108$	Der Term ist ein Produkt. 1. Faktor ist die Zahl 9. 2. Faktor ist die Differenz aus 23 und 11.
g) $(133 + 59) : 16 = 12$	Der Term ist ein Quotient. Dividend ist die Summe aus 133 und 59. Divisor ist die Zahl 16.
h) $338 : (17 + 9) = 13$	Der Term ist ein Quotient. Dividend ist die Zahl 338. Divisor ist die Summe aus 17 und 9.
i) $84 + 84 : 7 = 96$	Der Term ist eine Summe. 1. Summand ist die Zahl 84. 2. Summand ist der Quotient aus 84 und 7.
k) $84 - 84 : 7 = 72$	Der Term ist eine Differenz. Minuend ist die Zahl 84. Subtrahend ist der Quotient aus 84 und 7.
l) $196 : 14 - 14 = 0$	Der Term ist eine Differenz. Minuend ist der Quotient aus 196 und 14. Subtrahend ist die Zahl 14.

Term und Termwert	Gliederung
m) $(777-152):25=25$	Der Term ist ein Quotient. Dividend ist die Differenz aus 777 und 152. Divisor ist die Zahl 25.
n) $(195:15)\cdot 9=117$	Der Term ist ein Produkt. 1. Faktor ist der Quotient aus 195 und 15. 2. Faktor ist die Zahl 9.
o) $462:(3\cdot 7)=22$	Der Term ist ein Quotient. Dividend ist die Zahl 462. Divisor ist das Produkt aus 3 und 7.
p) $33\cdot (232:29)=264$	Der Term ist ein Produkt. 1. Faktor ist die Zahl 33. 2. Faktor ist der Quotient aus 232 und 29.
q) $(25\cdot 14):35=10$	Der Term ist ein Quotient. Dividend ist das Produkt aus 25 und 14. Divisor ist die Zahl 35.
r) $(42+18)\cdot (42-18)=1\,440$	Der Term ist ein Produkt. 1. Faktor ist die Summe aus 42 und 18. 2. Faktor ist die Differenz aus 42 und 18.
s) $(133+77):(52-38)=15$	Der Term ist ein Quotient. Dividend ist die Summe aus 133 und 77. Divisor ist die Differenz aus 52 und 38.
t) $(625-98):(12+19)=17$	Der Term ist ein Quotient. Dividend ist die Differenz aus 625 und 98. Divisor ist die Summe aus 12 und 19.
u) $12\cdot 17+902:41=226$	Der Term ist eine Summe. 1. Summand ist das Produkt aus 12 und 17. 2. Summand ist der Quotient aus 902 und 41.
v) $931:19-7\cdot 7=0$	Der Term ist eine Differenz. Minuend ist der Quotient aus 931 und 19. Subtrahend ist das Quadrat von 7.
w) $792:8-(187-88)=0$	Der Term ist eine Differenz. Minuend ist der Quotient aus 792 und 8. Subtrahend ist die Differenz aus 187 und 88.
x) $(672:7):8=12$	Der Term ist ein Quotient. Dividend ist der Quotient aus 672 und 7. Divisor ist die Zahl 8.

Term und Termwert	Gliederung
y) $79 + 13 \cdot 28 = 443$	Der Term ist eine Summe. 1. Summand ist die Zahl 79. 2. Summand ist das Produkt aus 13 und 28.
z) $(48 + 24):(48 - 24) = 3$	Der Term ist ein Quotient. Dividend ist die Summe aus 48 und 24. Divisor ist die Differenz aus 48 und 24.

3. Aufgabe:

Term und Termwert	Wortform
a) $42 + 14 \cdot 7 = 140$	Addiere zur Zahl 42 das Produkt aus 14 und 7.
b) $(38 + 17) \cdot 12 = 660$	Multipliziere die Summe aus 38 und 17 mit der Zahl 12.
c) $215 - 8 \cdot 19 = 63$	Subtrahiere von der Zahl 215 das Produkt aus 8 und 19.
d) $(91 - 63) \cdot 11 = 308$	Multipliziere die Differenz aus 91 und 63 mit der Zahl 11.
e) $22 \cdot 8 - 175 = 1$	Subtrahiere vom Produkt aus 22 und 8 die Zahl 175.
f) $16 \cdot (47 - 29) = 288$	Multipliziere die Zahl 16 mit der Differenz aus 47 und 29.
g) $(77 + 28):5 = 21$	Dividiere die Summe aus 77 und 28 durch die Zahl 5.
h) $169:(52 - 39) = 13$	Dividiere die Zahl 169 durch die Differenz aus 52 und 39.
i) $63 + 222:6 = 100$	Addiere zur Zahl 63 den Quotienten aus 222 und 6.
k) $28 - 286:22 = 15$	Subtrahiere von der Zahl 28 den Quotienten aus 286 und 22.
l) $288:16 - 15 = 3$	Subtrahiere vom Quotienten aus 288 und 16 die Zahl 15.
m) $(998 - 118):55 = 16$	Dividiere die Differenz aus 998 und 118 durch die Zahl 55.

Term und Termwert	Wortform
n) $(351:13) \cdot 19 = 513$	Multipliziere den Quotienten aus 351 und 13 mit der Zahl 19.
o) $324:(9 \cdot 4) = 9$	Dividiere die Zahl 324 durch das Produkt aus 9 und 4.
p) $17 \cdot (136:17) = 136$	Multipliziere die Zahl 17 mit dem Quotienten aus 136 und 17.
q) $(17 \cdot 136):17 = 136$	Dividiere das Produkt aus 17 und 136 durch die Zahl 17.
r) $(63+37) \cdot (63-37) = 2600$	Multipliziere die Summe aus 63 und 37 mit der Differenz aus 63 und 37.
s) $(378+238):(94-83) = 56$	Dividiere die Summe aus 378 und 238 durch die Differenz aus 94 und 83.
t) $(615-86):(9+14) = 23$	Dividiere die Differenz aus 615 und 86 durch die Summe aus 9 und 14.
u) $14 \cdot 22 + 759:33 = 331$	Addiere zum Produkt aus 14 und 22 den Quotienten aus 759 und 33.
v) $841:29 - 4 \cdot 6 = 5$	Subtrahiere vom Quotienten aus 841 und 29 das Produkt aus 4 und 6.
w) $990:55 - (81-75) = 12$	Subtrahiere vom Quotienten aus 990 und 55 die Differenz aus 81 und 75.
x) $(1001:13):11 = 7$	Dividiere den Quotienten aus 1001 und 13 durch die Zahl 11.
y) $125 + 18 \cdot 15 = 395$	Addiere zur Zahl 125 das Produkt aus 18 und 15.
z) $(15+4) \cdot (15-4) = 209$	Multipliziere die Summe aus 15 und 4 mit der Differenz aus 15 und 4.

4. Aufgabe:

a) Differenz	b) Produkt	c) Quotient	d) Quotient
e) Produkt	f) Summe	g) Quotient	h) Produkt
i) Summe	k) Summe	l) Differenz	m) Produkt
n) Differenz	o) Differenz	p) Produkt	q) Produkt
r) Differenz	s) Quotient	t) Quotient	u) Produkt
v) Summe	w) Differenz	x) Differenz	y) Quotient

5. Aufgabe:

a) 77   b) 50   c) 37   d) 10   e) 10
f) 39   g) 9   h) 10992   i) 1191   k) 80
l) 1047   m) 552   n) 28   o) 2028   p) 1760
q) 2511   r) 2667   s) 291   t) 135   u) 2183
v) 181   w) 181   x) 2589   y) 40   z) 924

Test zum 4. Kapitel

1.	Termwert	Gliederung	Wortform
a)	414	Der Term ist eine Differenz. Minuend ist das Produkt aus 24 und 18. Subtrahend ist der Quotient aus 252 und 14.	Subtrahiere vom Produkt aus 24 und 18 den Quotienten aus 252 und 14.
b)	38	Der Term ist eine Differenz. Minuend ist der Quotient aus 648 und 12. Subtrahend ist die Differenz aus 43 und 27.	Subtrahiere vom Quotienten aus 648 und 12 die Differenz aus 43 und 27.
c)	966	Der Term ist ein Produkt. 1. Faktor ist die Summe aus 17 und 29. 2. Faktor ist die Differenz aus 92 und 71.	Multipliziere die Summe aus 17 und 29 mit der Differenz aus 92 und 71.
d)	2	Der Term ist ein Quotient. Dividend ist der Quotient aus 720 und 15. Divisor ist der Quotient aus 168 und 7.	Dividiere den Quotienten aus 720 und 15 durch den Quotienten aus 168 und 7.
e)	1206	Der Term ist ein Produkt. 1. Faktor ist die Differenz aus 156 und 89. 2. Faktor ist der Quotient aus 306 und 17.	Multipliziere die Differenz aus 156 und 89 mit dem Quotienten aus 306 und 17.

2.

Term und Termwert	Gliederung
a) $(778-153):(425:17)=25$	Der Term ist ein Quotient. Dividend ist die Differenz aus 778 und 153. Divisor ist der Quotient aus 425 und 17.
b) $336-12\cdot28=0$	Der Term ist eine Differenz. Minuend ist die Zahl 336. Subtrahend ist das Produkt aus 12 und 28.
c) $444:6-(333-282)=23$	Der Term ist eine Differenz. Minuend ist der Quotient aus 444 und 6. Subtrahend ist die Differenz aus 333 und 282.
d) $792:12-4=62$	Der Term ist eine Differenz. Minuend ist der Quotient aus 792 und 12. Subtrahend ist die Zahl 4.
e) $792:(12-4)=99$	Der Term ist ein Quotient. Dividend ist die Zahl 792. Divisor ist die Differenz aus 12 und 4.

3.

Term und Termwert	Wortform
a) $(48+67)\cdot(34-28)=690$	Multipliziere die Summe aus 48 und 67 mit der Differenz aus 34 und 28.
b) $576:18+11\cdot21=263$	Addiere zum Quotienten aus 576 und 18 das Produkt aus 11 und 21.
c) $17\cdot22-(423-398)=349$	Subtrahiere vom Produkt aus 17 und 22 die Differenz aus 423 und 398.
d) $(328-215)\cdot(624:48)=1\,469$	Multipliziere die Differenz aus 328 und 215 mit dem Quotienten aus 624 und 48.
e) $(144+72):(144-72)=3$	Dividiere die Summe aus 144 und 72 durch die Differenz aus 144 und 72.

4. a) Differenz; 37 b) Differenz; 136 685
   c) Summe; 2 908 d) Produkt; 1 176
   e) Quotient; 4